W0054477

Bert Hellinger

Glück, das bleibt

Bert Hellinger

Glück, das bleibt

Wie Beziehungen gelingen

Kreuz

Bibliografische Information der Deutschen Bibliothek
Die Deutsche Bibliothek verzeichnet diese Publikation in der
Deutschen Nationalbibliografie; detaillierte bibliografische Daten
sind im Internet über http://dnb.ddb.de abrufbar.

© 2008 Verlag Kreuz GmbH
Postfach 80 06 69, 70506 Stuttgart

www.kreuzverlag.de

Umschlaggestaltung: [rincón]^2 medien gmbh, Köln
Umschlagbild: © plainpicture / Braun, H.
Autorenfoto: © privat. Mit freundlicher Genehmigung von Office
B. Hellinger (Postfach 2120, 83462 Berchtesgaden, www.hellinger.com)
Satz: de·te·pe, Aalen
Druck: CPI – Clausen & Bosse, Leck

ISBN 978-3-7831-3038-6

Inhalt

Das volle Glück

Die Liebe

Glückliche Kinder

Was uns glücklich macht

Das Familien-Stellen

Anhang

Liebe Leserinnen und Leser,

wohin uns das Familien-Stellen führt, haben viele Menschen in vielen Ländern in nur wenigen Jahren an sich erfahren können. Es führt in unseren Beziehungen zu einem Glück, das bleibt. Was das Familien-Stellen über das bleibende Glück ans Licht gebracht hat, habe ich in diesem Buch auf eine leicht verständliche Weise zusammengefasst. Ich beschreibe vor allem, was es über das Leben ans Licht gebracht hat und über die Liebe.

Welches Glück bleibt bei uns, in unseren Beziehungen und in unserem Leben? Das Glück, das sich bei uns wohlfühlt, weil wir es achten und teilen.

Wie teilen wir es? Indem wir anderen Menschen gegenüber wohlwollend sind und ihnen Gutes wünschen in jeder Hinsicht. Dann freut sich unser Glück. Es fühlt sich bei uns wohl und will uns wohl – bleibend wohl. Es bringt uns in eine Bewegung der Liebe, die bleibt. Wie bleibt sie in dieser Bewegung? – Glücklich.

Ihr Bert Hellinger

Das volle Glück

Die Überraschung

»Das ist ja ganz einfach«, sagen viele, die das Familien-Stellen zum ersten Mal miterlebt haben. Da sucht in einer Gruppe ein Mann ihm wildfremde Menschen aus, damit sie seine Eltern und Geschwister vertreten, einschließlich ihn selbst, stellt sie im Raum in Beziehung zueinander und setzt sich hin. Auf einmal gehen ihm die Augen auf: »Was, das soll meine Familie sein? Die hatte ich doch ganz anders im Kopf.«

Was ist geschehen? Alle schauen in die gleiche Richtung. Er selbst, das heißt sein Stellvertreter, steht sogar weit von der Familie entfernt. Wenn man dann die Stellvertreter fragt, wie es ihnen geht, kommt ans Licht, dass ihnen etwas fehlt. Also stelle ich vor sie einen anderen Stellvertreter dahin, wohin sie schauen. Ihre Gesichter hellen sich auf. Es geht ihnen besser.

Das war eine typische Familienaufstellung. Einfacher geht es nicht. Was aber kam dabei wirklich ans Licht? Der Mann erzählt, dass er einen Bruder hatte, der kurz nach der Geburt starb. Später wurde er in der Familie nicht mehr erwähnt, als würde er nicht mehr dazugehören.

Voll heißt vollzählig

Mein Glück wird voll, wenn alle, die zu meiner Familie gehören, in meinem Herzen einen Platz haben. Wurde, wie im obigen Beispiel, jemand ausgeschlossen oder vergessen, beginnt in uns und in unserer Familie die Suche nach ihm. Wir spüren, dass uns etwas fehlt, wissen aber oft nicht, wo wir suchen müssen. Eine solche Suche führt manchmal zur Sucht, manchmal auch zur Gottessuche. Wir fühlen in uns eine Leere und wollen sie füllen.

Wer fehlt mir?

Ob uns jemand fehlt, können wir in uns nachprüfen. Wir nehmen uns fünf Minuten Zeit und schließen die Augen. Innerlich gehen wir zu jedem, der zu unserer Familie gehört. Wir schauen ihnen in die Augen, auch denen, die schon lange tot sind. Wir sagen ihnen: »Ich sehe dich. Ich achte dich. Ich gebe dir in meiner Seele einen Platz.« Sofort spüren wir, wie wir uns voller fühlen.

Zugleich fühlen wir, ob jemand fehlt. Zum Beispiel jemand, der vergessen wurde, jemand, den die Familie als Belastung erlebte, jemand, den sie loswerden wollte. Auch ihnen schauen wir in die Augen. Wir sagen ihnen: »Ich sehe dich. Ich achte dich. Ich liebe dich. Ich gebe dir in meinem Herzen den Platz, der dir gehört.« Wieder fühlen wir, welche Wirkung es auf uns hat und wie wir voller werden.

Die volle Gesundheit

Eine der weitreichenden Einsichten aus dem Familien-Stellen hat mit unserer Gesundheit zu tun, der vollen Gesundheit.

Viele Krankheiten vertreten Personen, die wir oder die unsere Familie loswerden wollten, die wir vergessen oder ausgeschlossen haben. Auch das können wir in uns nachprüfen.

Wieder nehmen wir uns fünf Minuten Zeit und schließen die Augen. Wir gehen in unseren Körper und fühlen, wo uns etwas wehtut, wo etwas krank ist.

Was ist in der Regel unsere Antwort darauf? Wir wollen, was uns wehtut und was uns krank macht, loswerden, ähnlich, wie wir oder unsere Familie eine Person loswerden wollten.

Nun gehen wir den umgekehrten Weg. Wir nehmen das, was uns wehtut, und das, was krank ist, mit Liebe in unsere Seele und in unser Herz. Wir sagen ihm: » Bei mir darfst du bleiben. In mir darfst du zur Ruhe kommen.« Dabei achten wir auf die Wirkung, die es auf unseren Körper hat, und darauf, was es in ihm auslöst. Oft lässt ein Schmerz nach, und wir fühlen uns leichter.

In einem nächsten Schritt versuchen wir zu erspüren, auf welche Person die Krankheit und dieser Schmerz schauen. Auf welche ausgeschlossene oder vergessene Person? Auf welche Person, der wir oder unsere Familie vielleicht Unrecht getan haben?

Nach einer Weile wissen wir es, oder wir haben eine Ahnung. Zusammen mit unserem Schmerz und unserer Krankheit schauen wir auf diese Person. Wir sagen ihr: »Jetzt sehe ich dich. Jetzt achte ich dich. Jetzt liebe ich dich. Jetzt gebe ich dir in meinem Herzen einen Platz.«

Wie geht es uns dann? Wie geht es unserer Krankheit? Wie geht es unserem Schmerz? Auch hier heißt voll: vollständig.

»Jetzt bleibe ich«

In einer großen Schule in Mexiko kamen zu mir einige Lehrer und Eltern, weil sie sich um Kinder Sorgen machten. Sie wollten diesen Kindern helfen. Zum Beispiel machte sich eine Lehrerin Sorgen um einen 14-jährigen Jungen, der in der Schule nicht mehr lernen wollte. Also habe ich diese Lehrerin sich hinstellen lassen und habe den Jungen neben sie gestellt. Die Eltern des Jungen waren beide anwesend. Ich habe sie dem Jungen und der Lehrerin gegenübergestellt.

Als ich den Jungen anschaute, sah ich, dass er traurig war. Ich habe ihm gesagt: »Du bist traurig.« Sofort sind ihm die Tränen heruntergelaufen – und seiner Mutter auch. Alle konnten sehen, dass der Junge traurig war, weil seine Mutter es war.

Ich fragte die Mutter, was in ihrer Herkunftsfamilie vorgefallen war. Sie sagte: »Ich hatte eine Zwillingsschwester, die bei der Geburt starb.« Ihr hat also ihre Zwillingsschwester gefehlt. Auch ihrer Familie hat die tote Zwillingsschwester gefehlt. Sie hatte in dieser Familie ihren Platz verloren. An sie zu denken und sich ihrer zu erinnern war für die anderen zu schmerzlich.

Also habe ich eine Stellvertreterin für diese tote Zwillingsschwester ausgewählt. Ich stellte sie abseits von den anderen auf und ließ sie nach außen schauen, so wie es in dieser Familie in Wirklichkeit war.

Alle haben auf die tote Zwillingsschwester geschaut, vor allem die Mutter. Daher habe ich sie hinter ihre Zwillingsschwester gestellt, auch mit dem Blick nach außen, und habe sie gefragt: »Wie geht es dir hier?« Sie sagte: »Hier geht es mir gut.«

Danach habe ich den Jungen an den Platz seiner Mutter

hinter der Zwillingsschwester gestellt und ihn gefragt, wie es ihm hier ging. Auch er sagte: »Hier geht es mir gut.«

Was also kam hier ans Licht? Die Mutter wollte zu ihrer toten Zwillingsschwester. Genau genommen hieß das aber, sie wollte ihr nachfolgen in den Tod. Ihr Sohn hat in seiner Seele wahrgenommen, dass es seine Mutter zu ihrer Schwester in den Tod zog. Also hat er ihr in seiner Seele gesagt: »Ich sterbe an deiner Stelle.«

Kein Wunder, dass er in der Schule nicht mehr lernen wollte. Wozu braucht jemand, der sterben will, noch etwas zu lernen?

Hier also konnten wir sehen, welche Wirkung es hat, wenn jemand ausgeschlossen wird, wenn jemand seinen Platz in der Familie verloren hat.

Was ist hier die Lösung? Sie ist ganz einfach. Die tote Zwillingsschwester wird in die Familie zurückgeholt und bekommt den Platz, der ihr zusteht.

Wie sah das in dieser Familienaufstellung aus? Ich habe die tote Zwillingsschwester in der Familie neben die Mutter gestellt. Beide haben sich unter Tränen innig umarmt. Nun brauchte die Mutter ihrer Zwillingsschwester nicht mehr in den Tod zu folgen. Sie hatte sie bei sich in ihrer Familie.

Allen in der Familie ging es auf einmal besser, vor allem dem Mann. Wir können uns leicht vorstellen, wie es ihm mit seiner Frau ergangen war, da er ja all die Jahre innerlich fühlte, dass es sie in den Tod zog.

Ich habe also die Mutter ihrem Mann in die Augen schauen und ihm sagen lassen: »Jetzt bleibe ich.« Sie sagte es, und beide fielen sich glücklich in die Arme.

Danach wandte sich die Mutter ihrem Sohn zu. Sie schaute auch ihm in die Augen und sagte: »Jetzt bleibe ich, und ich freue mich, wenn auch du bleibst.« Der Junge strahlte über das ganze Gesicht. Seine Traurigkeit war vorbei.

»Mama, ich komme«

Eine Frau litt sehr darunter, dass ihre Tochter den Kontakt zu ihr seit Jahren abgebrochen hatte. Sie las mein Buch *Ordnungen der Liebe* und begriff, dass ihre Tochter innerlich mit Personen verbunden war, denen in der Familie der Platz verweigert wurde, der ihnen zustand. Sie dachte an zwei Personen: an die erste Frau ihres Mannes und an ihren Schwiegervater.

Am Abend zündete sie eine Kerze an zu Ehren der ersten Frau ihres Mannes. Sie stellte sich vor, dass sie vor ihr stand und ihr in die Augen schaute. Sie verneigte sich tief vor ihr und sagte: »Ich gebe dir die Ehre.«

Am nächsten Abend machte sie das Gleiche für ihren Schwiegervater. Sie zündete auch für ihn eine Kerze an und stellte sich vor, dass sie vor ihm stand und ihm in die Augen schaute. Sie verneigte sich tief vor ihm und sagte: »Ich gebe dir die Ehre.«

Am nächsten Tag rief ihre Tochter an: »Mama, ich komme.«

Der Preis

Wem wird in einer Familie besonders häufig der ihm oder ihr zukommende Platz verweigert? Es sind frühere Partner der Eltern oder der Großeltern. Sie haben Platz gemacht für die späteren Partner und die späteren Kinder. Oft haben sie auch für deren Glück einen hohen persönlichen Preis bezahlt.

Am Beispiel früherer Partner können wir am eindrucksvollsten wahrnehmen, welche weittragenden Folgen es in einer Familie hat, wenn jemandem die Achtung und Liebe verweigert wird, die ihm gebührt.

Beim Familien-Stellen kommt ans Licht, dass frühere Partner später von einem Kind aus der neuen Beziehung vertreten werden. Dieses Kind übernimmt deren Gefühle und äußert sie auch gegenüber den Eltern. Es vertritt diese Partner und übernimmt manchmal auch deren Schicksal.

Es hat geholfen

Ein Freund erzählte mir, dass sein kleiner Sohn ihn und seine Frau manchmal durch sein Verhalten fast zur Weißglut bringt. Er sagte: »Er weiß genau, was uns in Rage bringt, und lässt nicht locker, bis er es so weit gebracht hat. Dann können wir uns kaum noch beherrschen.«

Ich habe ihm gesagt: »Du warst doch schon einmal verheiratet. Weißt du denn nicht, dass Kinder aus der zweiten Ehe die früheren Partner durch ihr Verhalten in Erinnerung bringen?«

Er fragte mich: »Was sollen wir machen? Bei meiner Frau ist es genauso. Auch sie hatte vorher einen anderen Mann.«

Ich sagte ihm: »Das nächste Mal, wenn du die Weißglut spürst, schau über deinen Sohn hinaus auf deine erste Frau – mit Achtung und Liebe. Deine Frau macht es genauso mit ihrem ersten Mann.«

Vier Wochen später trafen wir uns wieder. »Du,« sagte er, »es hat sofort geholfen.«

Die Liebe

»Ich liebe dich«

Wer darf so etwas sagen: »Ich liebe dich«? Was geht in seiner Seele vor, wenn er diesen Satz sagt? Was geht in der Seele des anderen vor, dem dieser Satz gesagt wird?

Wer ihn wirklich sagt, dessen Seele zittert. In ihr sammelt sich etwas, schwillt an wie eine Woge und reißt ihn mit. Er wehrt sich vielleicht gegen sie aus Angst, wohin sie ihn hebt und an welches Ufer sie ihn spült.

Auch der oder die andere, denen dieser Satz gesagt wird, zittert vielleicht. Sie ahnen, was er in ihnen verändert, wie sehr er sie vielleicht in die Pflicht nimmt und ihr Leben für immer bestimmt.

Da ist auch die Angst, ob wir diesen Satz durchhalten und wir ihm in seiner Tragweite zustimmen und uns ihm öffnen können, egal ob wir ihn selbst sagen oder gesagt bekommen.

Doch es gibt keinen schöneren Satz, keinen, der uns so tief berührt und uns so innig mit einem anderen Menschen verbindet.

Es ist ein demütiger Satz. Er macht uns zugleich klein und groß. Er macht uns zutiefst menschlich.

Der Basso continuo

Eine Paarbeziehung wird aufgeführt wie ein Barockkonzert. Eine Vielfalt schönster Melodien erklingt in der Höhe, und darunter erklingt ein Basso continuo, der die Melodien führt und eint und trägt und ihnen ihr Gewicht und ihre Fülle gibt. In einer Paarbeziehung lautet der Basso continuo: »Ich nehme dich, ich nehme dich, ich nehme dich. Ich nehme dich zu meiner Frau. Ich nehme dich zu meinem Mann. Ich nehme dich und gebe mich – mit Liebe.«

Liebe, die bindet, und Liebe, die löst

Wenn sich ein Mann und eine Frau begegnen, merkt der Mann, dass ihm etwas fehlt, und die Frau merkt, dass ihr etwas fehlt. Was ist schließlich ein Mann ohne eine Frau, und was ist eine Frau ohne einen Mann? Der Mann ist bezogen auf eine Frau, und die Frau ist bezogen auf einen Mann. Indem sie sich verbinden, bekommt jeder das, was ihm fehlt. Der Mann bekommt die Frau, und die Frau bekommt den Mann. Für den Mann zuzugeben, dass ihm die Frau fehlt, und für die Frau zuzugeben, dass ihr der Mann fehlt, ist demütig. Das fällt nicht leicht. Jeder anerkennt dabei seine Grenzen.

Manche wollen diesem Eingeständnis entfliehen, zum Beispiel dadurch, dass der Mann versucht, in sich das Weibliche zu entwickeln, und die Frau versucht, in sich das Männliche zu entwickeln. Denn dann braucht der Mann keine Frau mehr und die Frau braucht keinen Mann mehr. Dann können sie ohne den anderen sein.

Eine Paarbeziehung gelingt, wenn beide, der Mann und die Frau, zugeben, dass ihnen der andere fehlt, dass sie den anderen zu ihrer Vervollkommnung brauchen. Wenn sie sich gegenseitig schenken, was dem anderen fehlt, werden sie vollkommen und ganz.

Die Liebe von Mann und Frau findet ihre Erfüllung im sexuellen Vollzug. Der sexuelle Vollzug ist das, worauf die Paarbeziehung hinsteuert. Er ist der tiefste Lebensvollzug und jedem anderen, auch dem geistigsten Vollzug, bei weitem überlegen. Durch ihn sind wir im Einklang mit dem Wesentlichen der Welt. Denn was nimmt uns mehr für das Wesentliche des Lebens in die Pflicht und an was wachsen wir mehr als an diesem Vollzug und seinen Folgen?

Noch etwas ist mit diesem Vollzug verbunden. Durch den sexuellen Vollzug entsteht eine Bindung. Nach ihm kommt das Paar nicht mehr voneinander los. Daher kann man mit ihm nicht umgehen, als wäre er etwas Beliebiges. Er hat weittragende Folgen.

Was Bindung bedeutet und wie tief sie geht, können wir ablesen am Schmerz und dem Gefühl der Schuld und des Versagens, die ein Paar bei einer Trennung erfahren. Sie können sich nicht trennen, ohne dass sie diese Bindung fühlen und anerkennen.

Wie sich das auf die späteren Beziehungen auswirkt, kann man daran ablesen, dass ein Kind aus einer zweiten Beziehung den Partner aus der ersten Beziehung vertritt. Es hat die Gefühle dieses Partners und bringt sie den Eltern gegenüber zum Ausdruck. Man kann also mit den früheren Beziehungen nicht spielen. Sie wirken weiter.

Auch können wir beobachten: Wenn ein Paar sich trennt und sie sich mit anderen Partnern verbinden und sich wieder trennen, sind bei der zweiten Trennung der Schmerz und das Gefühl der Schuld geringer als bei der ersten Trennung. Bei einer dritten Trennung sind der Schmerz und das Gefühl der Schuld noch geringer, und nach einiger Zeit spielen sie keine Rolle mehr. Auch trauen sich in der Regel die Partner in cincr spätcrcn Verbindung nicht, den neuen Partner auf die gleiche innige Weise zu nehmen wie den ersten.

Es gibt für sie eine Lösung, wenn sie bei einer Trennung den früheren Partner weiterhin achten und lieben. Das gelingt nicht immer beiden Partnern zugleich. Dann bleibt für beide etwas Schmerzliches zurück.

Sex

Sex ist für die Seele ein Unwort, denn es fehlen ihm die Seele, die Tiefe, die volle Leidenschaft, das Erkennen des anderen und das Sich-selbst-im-anderen-Erkennen-und-Finden.

Welche Kraft dagegen hat das alte und heutzutage verpönte Wort Wollust. In ihm spürt man die Bewegung, die Hitze, die Leidenschaft, den Knäuel, das Zupacken, das Umschlingen, das Vorwärtsdrängen, den Höhepunkt und die selige Entspannung. Gegen diese Hitze ist Sex cool und wie Fastfood gegenüber einem üppigen Mahl.

Wollust ist Leben, überwältigend in seiner Kraft, und sie ist fruchtbar in jeglicher Hinsicht. Aus ihr wird etwas, weit über das Persönliche und Selbstbezogene hinaus. Aber, sie ist außer Kontrolle, überschäumend, weil von Größerem gesteuert und getragen. In ihr freut sich die Seele.

Sollen wir daher dieses Wort wieder einführen? Nein. Es ist zu verwundbar, wie etwas Heiliges. Doch das Wort Sex führen wir am besten wieder aus. Es ist eh mit allem, was wir damit verbinden, für die Seele ein Fremdwort.

Liebe auf den zweiten Blick

Wenn ein Mann der Frau begegnet, zu der er sich in besonderer Weise hingezogen fühlt, und eine Frau, wenn sie diesem Mann begegnet, sich in besonderer Weise zu ihm hingezogen fühlt, durchströmt beide ein bisher ungeahntes Glücksgefühl und eine Verlangen, das von ihnen ganz Besitz ergreift. Sie fühlen dieses Glücksgefühl und dieses Verlangen als Liebe. Wenn dann der Mann der Frau sagt: »Ich liebe dich«, und wenn die Frau auch ihm sagt: »Ich liebe dich«, verbinden sie sich und werden ein Paar.

Doch ist diese erste Liebe, die sie füreinander fühlen und die sie sich gestehen, stark genug, sie dauernd aneinander zu binden? Auch wenn sich nach einiger Zeit vielleicht zeigt, wie die verschiedenen Wege, die sie bisher gingen, sie nur für eine Zeit auf diese innige Weise verbinden? Sie verbinden sie vielleicht für lange Zeit, vor allem, wenn sie nicht nur ein Paar, sondern auch Eltern werden. Doch verbinden sie diese Wege noch, wenn sie später doch vielleicht in jeweils andere Richtungen weisen? Denn was wissen Mann und Frau im Hochgefühl der ersten Liebe wirklich voneinander? Was wissen sie vom Dunkel ihrer Herkunft, von ihrem besonderen Schicksal und ihrer besonderen Bestimmung? Die Frage ist, wenn das bisher Verborgene ans Licht kommt, was hilft ihnen, dass ihre Liebe diese Wirklichkeit besteht und überdauert? Wir fühlen, zum ersten Bekenntnis »Ich liebe dich«, muss noch etwas hinzukommen, etwas, das ein Paar für dieses Umfassendere vorbereitet und das es in jene Weite und jene Tiefe führt, die es über die erste Liebe hinauswachsen lässt. Ein Satz, der dieses Umfassendere einschließt und sie beide darauf vorbereitet, wäre: »Ich liebe dich, und ich liebe das, was mich und dich führt.«

Was geschieht, wenn der Mann der Frau und die Frau dem Mann diesen Satz sagt: »Ich liebe dich, und ich liebe das, was mich und dich führt«? Auf einmal schauen sie nicht nur auf sich und ihr Verlangen. Sie schauen auf etwas Größeres, das sie übersteigt. Auch wenn sie noch lange nicht erfassen können, was dieser Satz von ihnen an Besonderem verlangt und welches Schicksal später auf sie einzeln und gemeinsam zukommt, es ist ein Satz, der nach der Liebe auf den ersten Blick die Liebe auf den zweiten Blick vorbereitet und ermöglicht.

Die Familien schwingen mit

Die Liebe ist nicht persönlich. Nicht der Mann sagt seiner Frau »Ich liebe dich« als ein Ich. Dafür ist er viel zu klein. Das gilt natürlich auch für die Frau. Hinter ihnen stehen die Eltern und die Ahnen und die Schicksale. Die wirken alle durch diesen Satz hindurch auf eine kraftvolle Weise. Wenn dann der Mann der Frau sagt: »Ich liebe dich«, schwingt etwas mit von weither. Eine riesige Symphonie schwingt kraftvoll. Dann sind nicht wir aufeinander fixiert, sondern die Familien schwingen mit. Das ist ein schönes Bild.

Die Vollkommenheit

Wenn ein Mann und eine Frau sich zuerst begegnen, sind sie voneinander angezogen, oft unwiderstehlich. Sie sehen sich als Einzelne, ich und du. Aber hinter dem Mann stehen auch seine Mutter und sein Vater und seine Großeltern und seine Geschwister und alles, was in dieser Familie geschah – ein ganzes System. Ich habe das Bild: Das ganze System, das hinter dem Mann steht, wartet auf die Frau – nicht nur er. Das Gleiche gilt für die Frau. Wenn der Mann die Frau sieht, muss er wissen, hinter ihr stehen ihr Vater und ihre Mutter und ihre Großeltern und ihre Geschwister, ein ganzes System. Dieses System wartet auf den Mann. Beide Systeme warten darauf, dass sie vielleicht etwas zu Ende bringen können, was in ihrer Vergangenheit ungelöst war. Dabei schaut das System des Mannes nicht nur auf die Frau. Es schaut auch auf ihr System. Beide Systeme treten ein in eine Schicksalsgemeinschaft und wollen in dieser Gemeinschaft vielleicht etwas Besonderes lösen, es endlich lösen.

Es gibt daher keine Zweierbeziehung, wie wir sie uns oft vorstellen. Die Zweierbeziehung ist ein Traum. Wir sind alle eingebunden in ein Feld, in eine größere Familie. Wenn jemand in der Familie des Mannes oder in der Familie der Frau ausgeschlossen wurde, zum Beispiel frühere Partner, oder auch ein abgetriebenes Kind oder ein weggegebenes Kind oder ein behindertes Kind, oder jemand aus der Familie, dessen man sich geschämt hat, dann ist das ausgeschlossene Familienmitglied in der neuen Beziehung und der neuen Familie gegenwärtig. Daher müssen beide, der Mann und die Frau, das ausgeschlossene Familienmitglied in die neue Familie hereinholen. Nur dann sind sie beide frei für ihre Beziehung.

Wie Liebe und Leben gemeinsam gelingen

Das Familien-Stellen bringt aber nicht nur bisher Verborgenes ans Licht, es zeigt auch Wege zur Lösung. Den Weg zur Lösung aus einer Verstrickung zu zeigen und die Betroffenen auf diesen Weg zu führen, das ist beim Familien-Stellen das Entscheidende.

Doch so, wie die Liebe auf den ersten Blick nicht dauern kann, wenn ihr nicht die Liebe auf den zweiten Blick folgt, so kann auch beim Familien-Stellen die Lösung aus der Verstrickung nur gelingen, wenn die Betroffenen sich mit etwas Größerem verbinden. Das heißt, wenn sie bewusst etwas Früheres hinter sich lassen und sich einem Neuen öffnen, auch wenn es ihnen am Anfang Angst macht. Wissen und Einsicht allein helfen hier wenig. Es braucht dazu auch eine besondere Kraft.

Die Quelle dieser Kraft ist einerseits die Verbindung mit den Eltern und den Vorfahren und andererseits ein Sich-Einfügen in etwas Größeres. Indem wir uns diesem Größeren fügen, kommen wir in Einklang mit dem, was uns letztlich führt. Manchmal führt es uns über die Grenzen einer Verstrickung hinaus und macht uns für die glückliche und erfüllte Liebe frei. Doch nicht immer. Wenn wir Zeuge werden, entweder bei uns oder bei anderen, dass eine Grenze nicht überschritten werden kann, dass also wir oder der Partner sich nicht aus einer Verstrickung lösen können, müssen wir das anerkennen, ohne etwas bewegen oder verändern zu wollen. Das wird in einer Paarbeziehung erfahren wie Sterben. Auch diesem Sterben können wir uns mit Liebe stellen, wenn wir uns gegenseitig sagen: »Ich liebe mich und liebe dich mit allem, was dich und mich führt.«

Was Paare aneinander wachsen lässt

Was lässt Paare aneinander wachsen? Manche denken vielleicht: Wenn die Paarbeziehung begonnen hat, setzen sie sich hin und ruhen sich aus. Aber die Paarbeziehung ist Teil eines Lebensvollzugs, ein entscheidender Teil des Lebensvollzugs. Denn das eigentliche Leben beginnt mit der Paarbeziehung. Sie ist ein Höhepunkt. Danach ist alles im Leben anders, größer, reicher und mehr erfüllt.

Die Liebe bei den Eltern lernen

Aber der Paarbeziehung geht etwas voraus, nämlich die Kindheit. Die Paarbeziehung wird früh gelernt. Die Liebe, die wir für die Paarbeziehung brauchen, lernen wir ganz früh. Wir lernen sie vor allem bei der Mutter. Nur wo die Beziehung zur Mutter gelungen ist, wenn wir von unserer Mutter mit vollem Herzen nehmen, was von ihr kommt, werden wir vorbereitet auf die Paarbeziehung. Ähnliches gilt auch von unserem Bezug zum Vater. Wer die Eltern nicht nehmen konnte, kann auch keinen Partner nehmen. Viele Probleme in der Paarbeziehung entstehen dadurch, dass einer oder beide Partner mit ihren Eltern nicht in Frieden sind in einer tiefen Verbindung von Achtung und Nehmen mit Dank.

Die ganze Jugend ist im Grunde Nehmen mit Liebe. Es ist Nehmen und Nehmen und Nehmen und Nehmen. Manche Menschen weigern sich zu nehmen, aus verschiedenen Gründen. Da haben zum Beispiel einige von uns die Vorstellung, dass das, was die Eltern uns geben, so viel ist, so überreich, dass wir es nicht ausgleichen können, dass unser Dank niemals genügt, um das alles auszugleichen.

Nehmen mit Liebe

Wir haben ein ganz tiefes inneres Bedürfnis nach Ausgleich von Geben und Nehmen. Daher verschließen sich einige Kinder vor dem Nehmen, aus Angst, dass sie nicht ausgleichen können, und dann nehmen sie nicht. Sie begründen das Nichtnehmen manchmal mit Vorwürfen gegen ihre Eltern und mit Anklagen. Dann nehmen sie sehr wenig, und weil sie sehr wenig nehmen, haben sie wenig. Für eine Paarbeziehung reicht es dann in der Regel nicht ganz. Also, die Paarbeziehung beginnt damit, dass wir von unseren Eltern nehmen.

Es herrscht oft ein großes Missverständnis im Gefühl mit Bezug auf den Ausgleich. Wir können gegenüber unseren Eltern niemals ausgleichen. Aber wir können auf andere Weise ausgleichen. Wir gleichen aus, indem wir weitergeben, zum Beispiel an einen Partner und vor allem an eigene Kinder. Wenn man das weiß, braucht man sich um den Ausgleich gegenüber den Eltern keine Sorgen mehr zu machen. Wir nehmen und nehmen und nehmen und wissen, einmal fließen wir davon über, und unser Partner und unsere Kinder werden dadurch reich.

Also, das ist eine Voraussetzung für die Paarbeziehung. Die Liebe, an der Paare aneinander wachsen, beginnt bereits in unserer Kindheit.

Nehmen jenseits von Gut und Böse

Da ist noch etwas, was dem Nehmen in der Vorbereitung auf die Paarbeziehung entgegensteht. Es ist die Unterscheidung von Gut und Böse. Oder von Gut und Schlimm. Es gibt, auch gefördert von gewissen Richtungen in der öffentlichen Meinung, die sich natürlich auch in manchen Schulen der Psychotherapie niedergeschlagen haben, die Vorstellung, dass unsere Probleme mit unseren Eltern zusammenhängen. Wenn unsere Eltern besser gewesen wären, dann ginge es uns auch besser. Das ist eine seltsame Vorstellung, denn zum Wachstum gehört, dass wir uns durchsetzen gegen Widerstände. Die verbreitete Meinung bei einigen ist: wir wachsen, indem wir bekommen, bekommen, bekommen, ohne dass wir selber etwas tun müssen. Aber wir wachsen gerade am Widerstand, und wir wachsen an den Fehlern unserer Eltern und auch an dem, was wir an Schwerem vielleicht in der Kindheit ertragen mussten. Weit entfernt davon, dass es ein Schaden ist, es ist die Chance, an der wir wachsen und Kraft gewinnen für das wirkliche Leben.

Manchmal stelle ich mir vor, wie es einem Kind geht, das die sogenannten idealen Eltern hat. Kann das leben? Weiß das etwas vom wirklichen Leben? Ist dieses Kind reif für eine Paarbeziehung?

Meditation:
Die Vorbereitung auf die Paarbeziehung

Wir stellen uns unsere Eltern vor, unsere Mutter und unseren Vater, so wie sie sind. Hinter ihnen stehen ihre Eltern, denn auch unsere Eltern waren einmal Kinder. Hinter ihren Eltern stehen deren Eltern, und deren Eltern, unendlich viele Generationen. Das Leben, das durch alle fließt, kommt aus einem Ursprung, den wir nicht kennen. Das Leben ist das Gewaltigste, was es überhaupt gibt. Es ist das Größte, was es gibt. Es ist das Geistigste, was es gibt, das Göttlichste, was es gibt. Gotteserfahrung kann nur Lebenserfahrung sein. Und alle Lebenserfahrung ist am Ende Gotteserfahrung.

Dieses Leben fließt durch alle diese Generationen göttlich, unverfälscht. Keiner konnte etwas hinzufügen, keiner konnte ihm etwas wegnehmen. Im Nehmen und Weitergeben des Lebens waren sie alle vollkommen. Sie waren vollkommen im Einklang mit einer göttlichen Bewegung. So kam das Leben durch alle diese Generationen bis zu unseren Eltern. Sie haben sich geliebt als Mann und Frau. Aus ihrer Liebe als Mann und Frau sind wir entstanden. Unser Leben ist eine Frucht ihrer Liebe.

Wir schauen sie an, machen das Herz weit und nehmen von ihnen, so wie sie sind, dieses Leben in seiner Fülle, als

das Größte, was es gibt, als etwas Heiliges, als etwas Göttliches. Wir schauen auf sie, und indem wir es nehmen, sagen
wir ihnen: »Danke.« Aber nicht nur ihnen. Dieser Dank
geht auch zu allen Generationen hinter ihnen und auf den
Ursprung des Lebens. Dann haben wir das Leben.

Aber für viele Jahre brauchen wir die Sorge und Fürsorge
unserer Eltern. Sie haben uns diese Sorge und diese Fürsorge geschenkt. Sie haben uns genährt, geschützt, erzogen,
haben immer an uns gedacht und sich gefragt: »Was
braucht unser Kind?« So sind wir durch ihre Liebe und Fürsorge gewachsen.

Das Schöpferische und Göttliche

Aber unsere Eltern sind auch Menschen wie wir, mit sogenannten Fehlern. Ich sage »mit sogenannten Fehlern«, denn
alles Wachstum entwickelt sich weitgehend neben dem
Nähren auch über die Widerstände und die Fehler. Denn das
Göttliche, das im Leben wirkt, ist in dieser Hinsicht fehler-
haft. Die Vorstellung, dass das Göttliche vollkommen sei,
ist nicht zu halten. Denn alles Schöpferische ist nur schöp-
ferisch, weil vorher etwas unvollkommen war. Nur wo es
Unvollkommenes und noch nicht zu Ende Gebrachtes gibt
und wo es Fehler gibt und Irrtümer, ist Schöpferisches möglich. So ist auch das Schöpferische, das durch unsere Eltern
zu uns kommt, nur möglich über Fehler und Schwierigkeiten und Mangel und Schuld. Wir schauen auf es als notwendig für unser Leben und für unser Wachstum und nehmen
es in uns hinein, zustimmend: Ja, das gehört zu mir, an dem
bin ich gewachsen. Das ist ein Teil von mir und es darf ein
Teil von mir sein.

Wir spüren, was dadurch in unserer Seele passiert. Wie
wir weit werden und stark.

Wachsen in der Paarbeziehung

Was wir nicht genommen haben, können wir nicht weitergeben. Das hat weittragende Auswirkungen auf die Paarbeziehung.

Manche stellen sich den Partner als ideal vor, wie er ideal sein muss. Am idealen Partner kann niemand wachsen. Was wäre für mich der ideale Partner? Wenn ich ihm sagen kann: »Du bist meine Mutter, und ich bin dein Kind.« Doch was kommt bei so einer Paarbeziehung heraus?

Jeder Partner, der Mann und die Frau, ist in einer besonderen Familie aufgewachsen, mit besonderen Schwierigkeiten, und ist daran auf eine bestimmte Weise gewachsen. Nun begegnen sich die beiden unterschiedlich und sind sich gegenseitig eine Herausforderung. Wenn sie sich so nehmen, wie sie sind, genauso nehmen, wie sie sind, wachsen sie aneinander. Nur so. Das ist die Voraussetzung.

Dann kann man natürlich das, was in einer Paarbeziehung oft an Schwierigkeiten aufkommt, ganz anders sehen. Man kann es würdigen und so daran wachsen, dass die Paarbeziehung immer voller wird und glücklich.

Wie unsere Paarbeziehung gelingt

Zur gelungenen Paarbeziehung gehört ein Dreifaches. Jedes ist für sich wichtig und keines kann das andere ersetzen.

Die sexuelle Beziehung

Das Erste ist die sexuelle Beziehung. Dass sie gelingt, ist für die Paarbeziehung unabdingbar, weil die Paarbeziehung auf die sexuelle Vereinigung hingeordnet ist. Sie ist das Eigentliche, auf das es ankommt, weil nur über die sexuelle Beziehung das Leben weitergeht. In der sexuellen Beziehung verdichten sich die Liebe und das Leben. Sie ist der Höhepunkt unserer Entwicklung. In der sexuellen Beziehung, in der Liebe, die sich darin ausdrückt, und natürlich im Trieb, der dazu führt, ist die mächtigste Kraft wirksam, die wir kennen. Alles Leben zielt auf die Weitergabe hin. Es ist hingeordnet auf die Weitergabe und es ist erfüllt, wenn ihm die Weitergabe gelingt. Deswegen ist die Kraft, die dahinter wirkt, die eigentliche Lebenskraft. Und sie ist natürlich die geistigste Kraft, die höchste Kraft, die – ich sage es mal in so einem Bild – Gott am ähnlichsten Kraft. In ihr offenbart sich das Größte der Welt, das Göttliche, am greifbarsten. Gerade dadurch, dass wir dieser Kraft ausgeliefert sind durch den Trieb, offenbart sie sich als von außer uns kommend und uns übersteigend. Also, zur Paarbeziehung gehört als Erstes, dass die sexuelle Liebe gelingt.

36

Die Liebe des Herzens

Dann kommt ein Zweites dazu. Es ist die Liebe des Herzens. Die sexuelle Liebe gelingt besser, wenn sie aus der Liebe des Herzens kommt, wenn die sexuelle Liebe auch eine Erfüllung der Liebe des Herzens ist. Die Liebe des Herzens ist eine eigene Leistung. Die Sexualität gibt es auch ohne diese Liebe, und es gibt diese Liebe oft auch ohne die Sexualität. Beides ist eine eigene Leistung: die sexuelle Liebe und die Liebe des Herzens.

Das gemeinsame Leben

Jetzt kommt noch ein Drittes dazu, das gemeinsame Leben miteinander. Das gemeinsame Leben kann es geben ohne die Sexualität. Es kann es auch geben ohne die Liebe, manchmal. Wir sehen ja manchmal Paare, die zusammenbleiben, ohne dass sie noch einander wirklich von Herzen lieben. Aber das Zusammenleben ist ein hohes Gut. Man muss es auch eigens lernen und leisten.

Wenn diese drei zusammenkommen, die sexuelle Liebe, die Liebe des Herzens und auch das gemeinsame Zusammenleben mit allem, was dazugehört: mit dem Austausch, der gegenseitige Hilfe, der Unterstützung, dann gelingt die Paarbeziehung. Dann wachsen wir in der Paarbeziehung.

Liebe und Ordnung

Was ist größer und was ist wichtiger, die Liebe oder die Ordnung? Was kommt zuerst? Viele meinen, wenn sie nur genug lieben, kommt alles in Ordnung. Viele Eltern denken zum Beispiel, wenn sie ihre Kinder nur genug lieben, entwickeln sie sich so, wie sie sich das vorstellen. Doch oft werden die Eltern trotz ihrer Liebe enttäuscht. Liebe allein genügt offensichtlich nicht.

Die Liebe muss sich einfügen in eine Ordnung. Die Ordnung ist der Liebe vorgegeben. Das ist auch sonst so in der Natur: Ein Baum entwickelt sich nach einer inneren Ordnung. Man kann sie nicht ändern. Nur innerhalb dieser Ordnung kann er sich entfalten. So ist es auch mit der Liebe und den mitmenschlichen Beziehungen: Sie können sich nur innerhalb einer Ordnung entfalten. Diese Ordnung ist vorgegeben. Wenn wir etwas über die Ordnungen der Liebe wissen, hat unsere Liebe und haben unsere Beziehungen mehr Möglichkeiten, sich voll zu entfalten.

Die erste Ordnung der Liebe in einer Paarbeziehung ist, dass Mann und Frau, obwohl verschieden, einander ebenbürtig sind. Wenn das von ihnen anerkannt wird, hat ihre Liebe eine größere Chance.

Die zweite Ordnung ist, dass Geben und Nehmen ausgeglichen sein müssen. Wenn der eine mehr geben muss als der andere, ist die Beziehung gestört. Sie braucht dieses Gleichgewicht. Wenn das Bedürfnis nach dem Ausgleich von Geben und Nehmen zusammengeht mit der Liebe, gibt jeder dem anderen, wenn er von ihm etwas bekommen hat, zum Ausgleich etwas mehr. Dadurch wächst der Austausch zwischen ihnen und mit ihm das gemeinsame Glück.

Dieses Bedürfnis nach Ausgleich besteht auch im Negativen. Wenn ein Partner dem anderen etwas antut, hat dieser das Bedürfnis, ihm auch etwas anzutun. Er fühlt sich verletzt. Deswegen glaubt er, das Recht zu haben, den anderen auch zu verletzen. Dieses Bedürfnis ist unwiderstehlich.

Viele, die ein Unrecht erlitten haben, fühlen sich im Recht, dem anderen ebenfalls etwas anzutun. Es kommt also hier zum Bedürfnis nach Ausgleich noch etwas hinzu: das Gefühl, durch das Unrecht, das mir angetan wurde, hätte ich besondere Rechte. Dann tut man dem anderen nicht nur das gleiche Böse an, das er einem selbst angetan hat, sondern man tut ihm etwas mehr davon an. Weil er aber dem anderen etwas mehr des Bösen angetan hat, fühlt auch dieser sich im Recht, ihm wieder etwas Böses anzutun, und weil er sich im Recht fühlt, tut er ihm sogar etwas mehr davon an. So steigert sich in einer Beziehung der Austausch im Bösen. Statt des Glücks wächst in einer solchen Beziehung das Unglück. Man kann die Qualität einer Beziehung daran erkennen, ob der Austausch von Geben und Nehmen sich hauptsächlich im Guten vollzieht oder im Bösen.

Die Frage ist: Was wäre hier die Lösung? Gibt es eine Lösung? Die Lösung wäre, vom Austausch im Bösen wieder zum Austausch im Guten zu wechseln. Doch wie kann das gelingen?

Es gibt dafür ein Geheimnis: Man rächt sich am anderen mit Liebe. Das heißt, man tut ihm zwar auch etwas Böses an – aber ein bisschen weniger. Dann hört der Austausch im Bösen auf und beide können wieder mit dem guten Geben und Nehmen beginnen. Das ist ein wichtiger Aspekt der Ordnungen der Liebe. Wenn man ihn kennt und danach handelt, kann man in Familien vieles wieder zum Guten wenden.

Noch eine andere Ordnung der Liebe ist hier zu beachten, denn ihre Nichtbeachtung hat weittragende Folgen.

Eine Frau, die meint, sie wäre besser als ihre Mutter, hat

keine Achtung für Männer. Sie versteht auch die Männer nicht und braucht sie im Grunde nicht. Denn wenn sie meint, sie wäre besser als ihre Mutter, heißt das in der Regel: Ich bin für den Vater die bessere Frau. Dann hat sie bereits ihren Mann und braucht keinen anderen.

Wie wird ein Mädchen fähig, eine Frau zu werden und einen anderen Mann zu achten und zu haben? Wenn sie sich neben ihre Mutter stellt – als die Kleinere.

Das gilt natürlich umgekehrt auch für die Männer: Ein Mann, der seinen Vater nicht achtet und meint, er sei seiner Mutter gegenüber besser als sein Vater, hat keine Achtung für Frauen. Er hat bereits eine Frau und braucht keine andere.

Wie wird er fähig, ein Mann zu werden und eine andere Frau zu achten und zu haben? Wenn er sich neben seinen Vater stellt – als der Kleinere.

Der Mann lernt also die Achtung für die Frau beim Vater, und die Frau lernt die Achtung für den Mann bei der Mutter.

Was geschieht nun, wenn ein Mann, der Mutters Sohn ist, eine Frau, die Vaters Tochter ist, heiratet? Mutters Sohn ist nicht verlässlich für die Frau, und Vaters Tochter ist nicht verlässlich für den Mann. Sie haben wenig Achtung füreinander.

Deswegen muss zuerst in ihren Herkunftsfamilien in Ordnung gebracht werden, dass der Mann seinen Vater achtet und die Frau ihre Mutter.

Der Alltag der Paarbeziehung

Ich spreche jetzt vom Alltag der Paarbeziehung. Wie beginnt der neue Tag in einer Paarbeziehung? Der Mann schaut auf die Frau und die Frau schaut auf den Mann, und ihre Gesichter beginnen zu leuchten. Sie freuen sich aneinander. Ist das nicht ein schöner Beginn des neuen Tages in einer Paarbeziehung? Also, die Liebe leuchtet, und sie zeigt sich im Leuchten. Der schönste Ausdruck der Liebe ist, wenn man sich am anderen freut. So beginnt also der Tag in einer Paarbeziehung. Man schaut aufeinander und freut sich am anderen, so wie er ist. Genau so, wie er ist. Aus dem ergibt sich dann das eine oder andere. Das ist das Glück, das gegenseitige Sich-aneinander-Freuen und aus dieser Freude etwas tun: geben und nehmen. Dann kann der Tag für sie nicht lang genug sein, weil immer wieder etwas Neues zwischen ihnen hin- und herfließt. Das ist Wachsen.

Nach Jahrzehnten langer Beobachtung und Erfahrung hat sich für mich das Wesentliche, was zum Glück gehört, auf drei Worte reduziert. In diesen drei Worten, wenn sie zur rechten Zeit gespürt und gesagt werden, liegt das Geheimnis des Glücks in einer Paarbeziehung.

Ja

Das erste Wort habe ich angedeutet mit dem Beginn des Tages in einer Paarbeziehung. Wieso freut man sich am anderen? Weil man ihm zustimmt, wie er ist. Diese Freude ist ansteckend auch für den anderen. Das Wort, das dahintersteht, heißt: »Ja«. Ja zum anderen, ja zu mir, ja zur Situation, wie sie ist, und ja zum Glück.

Natürlich steht dem Glück manchmal etwas entgegen, eine gewisse Vorstellung. In unserer Gesellschaft muss man nämlich fast für alles bezahlen. Viele meinen, es gibt nichts umsonst, alles wird bezahlt. Daher fangen sie an, auch für ihr Glück zu bezahlen. Statt dass sie auf den anderen schauen und sich an ihm freuen, langen sie nach ihrem Geldbeutel, um für das Glück mit ihm zu bezahlen. Dabei verlieren sie den anderen bald aus dem Blick – und auch das Glück. Sie halten nur noch einige Groschen in der Hand. Das ist dann alles, was übrigbleibt von der Freude und dem Glück.

Es gibt einen tiefen Trieb in uns, der seine Kraft aus der Vorstellung gewinnt: Ich muss für alles, was ich bekomme, bezahlen. Vor allem für das Glück. Doch wenn man genug bezahlt hat, ist uns das Glück schon lange entschwunden.

Diese Vorstellung, dass wir für alles bezahlen müssen, gibt es auch gegenüber Gott. Durch große Opfer und Wallfahrten und Stiftungen und alles Mögliche bezahlen wir Gott für das geschenkte Glück. Freut er sich, wenn wir dafür bezahlen? Kümmert ihn, was wir bezahlen? Das ist eine merkwürdige Vorstellung.

Da war mal einer bei mir in einem Kurs, der hatte sich einen Mercedes gekauft. Das durfte er aber nicht, das war für ihn ein zu großes Glück. In seiner Familie durfte man nur Volkswagen kaufen – die alten. Eines Tages ist ihm auf der Autobahn plötzlich einer von hinten reingefahren. Da hat er tief aufgeatmet. Endlich hatte er für sein Glück bezahlt.

Kommt euch das bekannt vor? Das ist doch ganz alltäglich. Viele bezahlen die ganze Zeit. Sie bezahlen für das Glück, und sie bezahlen für die Schuld.

Bitte

Wenn der Mann seine Frau beleidigt hat, zum Beispiel durch irgendeine böse Bemerkung, tut es ihm leid und er bezahlt dafür. Er lässt es sich schlecht gehen. Also sühnt er für das, was er getan hat. Wie entgeht man einer solchen Sühne? Durch ein einziges Wort.

Also, der Mann hat die Frau beleidigt. Er hat sie übersehen. Er hat sogar ihren Geburtstag vergessen. Das ist ja ganz schlimm, so etwas. Manche vergessen auch den Hochzeitstag. Dann schaut die Frau ihn an und ist traurig. Was soll er jetzt machen? Soll er sühnen? Soll er sich an die Brust schlagen? Nein. Er schaut sie an und sagt: »Bitte«, einfach: »Bitte«. Es tut mir leid. »Bitte.« Dann öffnet sich ihr Herz, und das Glück hat wieder eine Chance.

Danke

Zwei der drei Zauberworte für das Glück habe ich schon genannt: »Ja« und »bitte«. Dann gibt es noch ein besonders schönes Wort. Dieses Wort heißt »danke«. Einfach »danke.« In einer Paarbeziehung gibt es den ganzen Tag lang hunderte von Gelegenheiten, wo man sich über etwas freut und sagt: »danke«. Gegenseitig.

Das also sind die drei Zauberworte für eine glückliche und erfüllte Paarbeziehung. An ihnen können wir uns nähren, auch wenn etwas Schwieriges auf uns zukommt.

Die Enttäuschung

Wieso ist ein Partner vom anderen enttäuscht? Weil er von ihm etwas erwartet, was dieser gar nicht geben kann. Er hat eine Erwartung an den anderen, die über das Gewöhnliche hinausgeht. Diese Erwartung kommt sehr häufig aus der Kindheit. Oft war es eine Erwartung an die Mutter. Dann ist man plötzlich enttäuscht.

Es gibt eine Übung dafür, wie man über diese Enttäuschung hinwegkommen kann. Man könnte sich zum Beispiel am Abend hinsetzen und fünf Blatt Papier nehmen, mindestens fünf, und anfangen, sich den Partner vorzustellen und aufzuschreiben, was er einem alles geschenkt hat. Fünf lange Seiten, aber die reichen gar nicht. Je länger man schreibt, desto mehr beginnt man zu leuchten. Das ist eine schöne Übung.

Alte Bindungen bleiben

Heutzutage gehen wir oft davon aus – und wir verhalten uns auch so –, als ginge es in einer Paarbeziehung nur um den Mann und die Frau. Die beiden lieben sich, sind voneinander angezogen und werden ein Paar. Wir verlieren dabei leicht den Blick dafür, dass beide aus einer bestimmten Familie kommen. Jeder von ihnen hat andere Eltern und andere Ahnen. Bei jedem ist in seiner Familie etwas anderes passiert. Diese Wirklichkeiten wirken in die Paarbeziehung hinein. Beide Partner kommen aus einem eigenen geistigen Feld, einem anderen Familienfeld, das sie in vieler Hinsicht in die Pflicht nimmt. Deswegen ist auch keiner von ihnen frei.

Wenn noch hinzukommt, dass einer von ihnen oder sogar beide vorher in einer festen Bindung waren und sie aus dieser Beziehung auch Kinder haben, bindet sie diese Vergangenheit auf vielfältige Weise. Diese Vergangenheit bindet sie an die Kinder und auch an den Vater oder die Mutter der Kinder. Wir müssen davon ausgehen, dass jeder in diesen Bindungen in gewisser Weise bleiben will und muss. Keiner darf in der neuen Beziehung vom anderen erwarten, dass er diese Bindungen aufgibt. Das zeigt sich manchmal darin, dass sie nicht zusammen wohnen können, obwohl sie das möchten.

Die geistigen Felder

In einer Familie, hier im weiteren Sinn einschließlich aller Ahnen, sind alle miteinander verbunden, als hätten sie eine gemeinsame größere Seele. Man kann sie auch ein geistiges Feld nennen. In dieser großen Seele bleiben alle gegenwärtig, die jemals dazugehört haben, auch die Toten, alle Toten. Zum Beispiel gehören auch abgetriebene Kinder dazu und früh verstorbene Geschwister. Sie alle gehören dazu, auch die, die man abgelehnt hat und von denen man nichts wissen wollte. In diesem Feld bleiben sie gegenwärtig. Alle sind in diesem Feld mit allen anderen in gegenseitiger Resonanz.

Zugleich gibt es in diesem Feld eine Bewegung, die die Getrennten wieder zusammenbringen will. Diesem Ziel dienen zwei unterschiedliche Bewegungen. Zum Beispiel zieht es manchmal einen Lebenden zu den Toten. Dann verbinden sie sich miteinander im Tod. Oft ist diese Bewegung eine Bewegung der Liebe. Doch statt ins Leben führt sie in den Tod.

Es gibt hier aber auch die andere Bewegung, eine andere Liebe, die uns am Leben hält. Ich kann zum Beispiel jemanden, der ausgeklammert war, mit Liebe in mich hineinnehmen, in meine Seele. Statt dass er mich in den Tod zieht, schützt er mein Leben, weil er anerkannt ist. Das ist die umgekehrte Bewegung, eine heilende Bewegung.

Weil wir eingebunden sind in so viele Bezüge, ist klar, dass wir die Illusionen, die wir uns manchmal von einem glücklichen, erfüllten Leben machen, auf diese Weise nicht verwirklichen können. Eben, weil wir eingebunden sind. Aber wenn wir diesen Schicksalsbindungen zustimmen, was immer sie von uns verlangen, gewinnen wir eine besondere Tiefe. Es ist eine Tiefe durch Verzicht. Und natürlich sind wir in dem Augenblick auch gewachsen. Wir sind menschlicher geworden, eingebunden in Großes, und haben eine andere Kraft.

Beispiel: Das Labyrinth der Seele

Übung mit einer Frau, deren erster Mann sich sechs Monate nach der Trennung umgebracht hat.

Hellinger: Wohin wollte er mit seinem Tod? – Zu seiner Mutter.

Frau: Bei meinem Mann macht es Sinn.

Hellinger: Die Winkelzüge der Seele sind seltsam. Ich wundere mich über nichts mehr. Die Seele ist ein Labyrinth, in dem man sich leicht verlaufen kann. In diesem Labyrinth orientiert man sich an einem roten Faden. Den hält man die ganze Zeit in der Hand. Dann findet man sich zurecht. Ein Labyrinth ist ja dunkel. Es hilft dort nichts, die Augen aufzuhalten. Man hält sich an den roten Faden. Man tastet sich an dem roten Faden voran, Zentimeter für Zentimeter. Jeder Herzschlag ist ein Zentimeter weiter. Man geht also mit dem Herzschlag.

Ich stelle mir das einfach mal vor. Ich suche nach Bildern für die Seele, an denen sie sich im Labyrinth der Liebe orientieren kann. Man geht also mit dem Herzschlag. Jeder Herzschlag ist bei dir: »Bitte, bitte, bitte, bitte.« Dieses »Bitte« geht weit zurück in die Kindheit, zur Mutter natürlich zuerst: »Bitte.« Im Dunkel tastet man sich voran, mit dem Bild der Mutter vor Augen und sagt: »Bitte, bitte.« Jedes »Bitte« ist ein Schritt voran.

Dann wird der Herzschlag etwas schneller. Die Schritte werden etwas größer. Aber es ist immer noch dunkel. Bei jedem Schritt und jedem Herzschlag sagst du »Danke«. Und das sagst du deinem verstorbenen Mann: »Danke.«

Dann beginnst du tiefer zu atmen, bei jedem »Danke« tief ein- und auszuatmen. Aber es ist immer noch dunkel in dem Labyrinth. Soll ich weiterwandern mit dir im Labyrinth der Liebe?

Frau: Bitte.

Hellinger: Ja, gerne. Jetzt kommt bei jedem Schritt ein »Ja«. Es ist ein ganz spezielles Ja. Ein Ja zum Leben und ein Ja zum Tod, beides. Du sagst zu deinem Leben Ja und zum Tod deines Mannes sagst du auch Ja. Dieser Tod gehört zu seinem Leben. Ja.

Und jetzt schaust du deinen jetzigen Mann an und sagst auch zu ihm: Ja.

Die Schicksalsgemeinschaft

Im Gegensatz zu den Vorstellungen, die wir oft von der romantischen Liebe haben, wirken in eine Beziehung noch viele andere Kräfte herein. In der romantischen Liebe sind beide in gewisser Weise ineinander verknallt. Verknallt heißt hier: man sieht nichts. Man ist so ausschließlich aufeinander bezogen, dass das Umfeld ausgeklammert bleibt. Die romantische Liebe lässt sich nicht lange aufrechterhalten, weil sich bald auch das Umfeld zeigt.

Ich sehe die Paarbeziehung noch in einem anderen Zusammenhang. Jedes Familiensystem trägt ein besonderes Schicksal und hat eine besondere Unordnung. Die Unordnung entsteht dadurch, dass nicht alle, die dazugehören, als dazugehörig anerkannt werden. Dann drängen die nicht Anerkannten darauf, dass sie anerkannt werden. Unter dem Druck dieses Feldes muss später ein Kind diesen Ausgeschlossenen vertreten, ohne dass es ihm bewusst ist. Oft ist zum Beispiel ein früherer Partner von Eltern oder Großeltern ausgeklammert, vielleicht weil er früh starb. Vielleicht starb auch eine Frau im Kindbett. Diese Personen werden in diesem System nicht mehr angeschaut, oft weil ihr Schicksal den anderen Angst macht. Sie machen sich aber später in einem Kind bemerkbar. Das Kind weiß aber nicht, dass es von etwas besetzt ist, dass es in das Schicksal einer anderen Person verstrickt ist.

Wenn dieses Problem, dass jemand ausgeklammert wurde, in der Familie noch ungelöst ist, sucht dieses Kind, wenn es erwachsen ist, unbewusst einen Partner, der ihm und seiner Familie hilft, dieses Problem zu lösen. Also, das System der Frau sucht über die Frau im System eines Mannes die Lösung für ein ungelöstes Problem. Und vielleicht auch umgekehrt. Der Mann und sein System suchen über die Frau und ihr System eine Lösung für ihr Problem. Damit beginnen beide eine Schicksalsgemeinschaft, in der beide beim anderen nach einer Lösung suchen.

Ich habe dafür ein eklatantes Beispiel in der Schweiz erlebt. Ein Mann hatte einen Bruder, der im Krieg verhungert war. Die Familie hatte nicht genug zu essen gehabt. Der Mann war mit dem Bruder innig verbunden und hatte die Angst, dass auch er verhungern muss, dass das Verhungern auch sein Schicksal wird. Nun, was hat er gemacht? Er hat eine Frau geheiratet, die magersüchtig war. Sie sollte das Verhungern für ihn übernehmen.

Also, solche Verstrickungen gibt es. Manchmal führen sie in Dimensionen, die ungeheuerlich erscheinen. Hier ein Beispiel aus einem Paarkurs in Washington. Eine Frau kam ohne ihren Mann zu einer Paaraufstellung. Ich habe sie also alleine aufgestellt und ihr gegenüber einen Stellvertreter für ihren Mann. Der Mann fing am ganzen Körper an zu schlottern, richtig vor Todesangst. Ich habe die Frau gefragt. »Hast du schon einmal daran gedacht, ihn umzubringen?« Sie sagte: »Ja.« Ihre Tochter, die auch anwesend war, hatte schon einen Selbstmordversuch gemacht. Also, in dieser Familie gab es ein großes aggressives Potential. Wenn so etwas ans Licht kommt, sind manche versucht zu sagen: »Die schlimme Frau.« Ich sage das nicht. Ich habe ihr gesagt: »Da muss etwas Besonderes in deinem System passiert sein.« Nach einer Pause kam sie zu mir und sagte: »Mein Vater war an der Produktion der Atombombe beteiligt.« Sie fügte hinzu: »Ich frage mich auch, warum ich einen Japaner geheiratet habe.« Was also war hier die Verstrickung? Der Krieg zwischen den USA und Japan ging in dieser Ehe weiter. Und keinem war es bewusst. Das sind Schicksalsgemeinschaften. Sie führen manchmal auch zum Tod.

Wenn man diese Schicksalsbindungen erkennt, zeigt sich auf einmal eine gute Lösung für beide Partner. Dann finden sie ihren Frieden. Diesem Paar ist es nachher ausgesprochen gut gegangen. Die Tochter ist gleich darauf nach Japan gegangen. Sie hat dort studiert und ist aufgeblüht.

Die Paarbeziehung, und überhaupt jede innige menschliche Beziehung ist von unglaublicher Tiefe. Wenn wir uns allen ihren Dimensionen stellen, finden wir zu einer ganz anderen Art von Liebe und von Beziehung. Viel tiefer und allem zugewandt. – Wie gesagt, es kommt für die Ordnung immer darauf an, dass bisher Ausgeklammerte zusammengeführt werden. Das ist die Hauptbewegung, die in Beziehungen zur Ordnung führt und zum Glück für alle.

Das andere in der Paarbeziehung

Vielleicht sage ich allgemein noch etwas mehr über Paarbeziehungen und über das Wachstum in Paarbeziehungen. Wachstum ist ja immer eine Erweiterung. Wer wächst, muss von außen etwas in sich hineinnehmen. Er wächst an dem, was vorher außerhalb von ihm war. Indem er es in sich hineinnimmt, wächst er daran.

Männer und Frauen sind anders

Nun versteht ja ein Mann nur wenig von Frauen. Habt ihr schon einmal einen Mann gesehen, der wirklich etwas von Frauen versteht? Habt ihr schon einmal eine Frau gefunden, die sagt: »Mein Mann versteht mich«? Und umgekehrt natürlich auch. Frauen verstehen nicht viel von Männern. Sonst würden sie nicht dauernd versuchen, die Männer zu verändern.

Also, wenn der Mann und die Frau einander begegnen, begegnen sie etwas Fremdem, etwas, was sie selbst nicht haben, etwas, was sie auch nicht verstehen, was sie aber brauchen. Der Mann braucht die Frau. Wozu ist er sonst ein Mann? Ohne Frau ist er doch kein Mann. Umgekehrt braucht die Frau den Mann. Ohne Mann ist sie ja keine Frau. Die Frau wird eine Frau erst durch einen Mann. Oder? Alles andere ist vorläufig.

Jetzt begegnen sich also zwei, die verschieden sind. Sie ergänzen sich gegenseitig, ohne sich zu verstehen, ohne sich im Tiefsten zu verstehen. Dadurch bleibt in einer Paarbeziehung die Spannung ein ganzes Leben lang erhalten. Immer wieder wundert sich der Mann über seine Frau, und die Frau wundert sich über ihren Mann. Das macht ihre Beziehung lebendig.

In dem Augenblick, in dem ein Mann der Frau begegnet, anerkennt er, dass er unvollkommen ist. Er muss etwas von seiner Überzeugung, dass er als Mann allein ein voller Mensch ist, aufgeben. Und umgekehrt auch die Frau. Indem sie einem Mann begegnet, merkt sie: Frau zu sein allein ist nicht genug. Es braucht noch etwas anderes. Sie muss die Überzeugung aufgeben, dass sie allein die richtige Verkörperung des Menschlichen ist. Denn auf einmal steht ihr ein ganz anderer gegenüber, der auch richtig ist. Beide sind richtig, aber anders. Indem sie das anerkennen, geben sie eine frühere Überzeugung auf und werden demütig. Das heißt, sie anerkennen, dass sie bedürftig sind. Wenn beide das dem anderen gegenüber anerkennen, lassen sie sich von ihm bereichern. Und daran wachsen sie.

Wachstum heißt: Ich nehme etwas, was mir bisher fremd war und das mich herausfordert, meine Überlegenheit aufzugeben, in mich hinein. Beide tun das gegenseitig, der Mann und die Frau. Daran wachsen sie. Das ist Wachstum.

Auch die Familien sind anders

Jetzt kommt noch hinzu, dass der Mann aus einer anderen Familie kommt als die Frau und dass auch die Frau aus einer anderen Familie kommt als der Mann. Beide Familien sind verschieden. Oft schaut der Mann auf die Familie der Frau herab, und die Frau schaut auf die Familie des Mannes herab. Beide sagen vielleicht: »Meine Familie ist besser.« Das gehört dazu, denn dadurch, dass wir an unsere Familie gebunden sind, wird für uns diese Familie die beste. Das muss sie auch sein. Sonst könnten wir nicht überleben.

Aber diese Familien sind voneinander verschieden. So wie der Mann richtig ist, obwohl er keine Frau ist, und wie die Frau richtig ist, obwohl sie kein Mann ist, so ist die Familie des Mannes richtig und ist die Familie der Frau richtig, obwohl sie voneinander verschieden sind. Dennoch muss jeder die Familie des anderen als gleichwertig anerkennen. Dadurch gibt er etwas auf. So wie der Mann zuerst etwas von seiner Überzeugung aufgibt, dass der Mann allein der richtige Mensch ist, gibt er auch auf, dass seine Familie allein die richtige ist. Und umgekehrt. Beide nehmen etwas anderes in sich hinein und wachsen daran.

Wie wichtig das ist, wird offenbar, wenn das Paar Kinder hat und sie entscheiden müssen, wie die Kinder erzogen werden sollen. Dann gibt es manchmal einen Wettstreit zwischen den Familienwerten des einen und den Familienwerten des anderen. Auch hier muss jeder etwas aufgeben. Auf diese Weise finden sie auf einer höheren Ebene etwas Gemeinsames, das größer ist als das, was sie vorher als allein richtig anerkannt haben. Auch das ist Wachstum.

Im Einklang mit unseren Grenzen sein

Wenn wir jemandem in einer schwierigen Situation begegnen, ist es oft so, dass wir eine gute Lösung für ihn wünschen. Wir möchten ihm helfen. Aber können wir das und dürfen wir das? Manchmal spüren wir, dass wir es weder können noch dürfen. Etwas in uns verbietet uns das. Dann müssen wir anerkennen: wir sind an eine Grenze gekommen.

Das gibt es auch in vielen Paarbeziehungen. Der eine Partner ist in irgendetwas gefangen, und der andere weiß nicht, wieso. Sehr oft ist es etwas aus seiner Herkunftsfamilie. Aber es kann auch etwas anderes sein, das ihn gefangen nimmt. Manchmal ist es zum Beispiel eine Abtreibung, die ihn gefangen nimmt und aus der Beziehung wegzieht, vielleicht sogar in den Tod, zumindest in der Vorstellung und von der Sehnsucht her.

Der andere möchte ihm gerne helfen, fühlt aber, dass er es nicht kann. Hier stillzuhalten, ohne etwas zu tun, das fällt schwer. Er muss anerkennen, dass seine Kräfte nicht ausreichen oder dass seine Einsicht nicht ausreicht, dem anderen zu helfen. Hier ist die gemäße innere Haltung: Ich stimme der Situation zu, wie sie ist – mit allen Folgen für ihn und für mich, beides. In dem Augenblick komme ich in Einklang mit etwas Größerem. Dann kann ich warten. Vielleicht ergibt sich etwas Lösendes und Heilendes nach einer Zeit. Manchmal ergibt sich aber nichts. Dann führt es vielleicht zur Trennung. Jeder folgt dann seiner Bestimmung auf die ihm bestimmte Weise.

Einige meinen, das sei schlimm, eine andere Lösung wäre besser gewesen. Wir verstehen es, wenn sie diese Sehnsucht haben. Aber dürfen wir das? Dürfen wir solche Vorstellungen haben?

Liebe, die dauert

Liebe, die gelingt, ist menschlich, nah am Gewöhnlichen. Sie anerkennt, dass wir andere Menschen brauchen, dass wir ohne die anderen verkümmern. Wenn wir das gegenseitig anerkennen, geben wir dem anderen etwas und nehmen etwas von ihm. Wir freuen uns darüber, dass wir etwas bekommen, und wir freuen uns, dass wir etwas geben können. Indem wir weiterfahren mit dem Geben und Nehmen in gegenseitiger Achtung, mit Wohlwollen und dem Wunsch, dass es sowohl dem anderen als auch uns gut geht, haben wir erfasst, was es heißt, menschlich zu lieben.

Diese Liebe beginnt mit der Beziehung zwischen Mann und Frau. Alle anderen Beziehungen später erwachsen aus dieser Liebe. Sie ist die Grundlage aller menschlichen Beziehungen, und wir werden zu ihr getrieben, unwiderstehlich. Denn der Mann braucht, um ganz zu sein, die Frau, und die Frau braucht, um ganz zu sein, den Mann. Es ist ein starkes Begehren, das sie zueinander führt. Dieses Begehren, manchmal von einigen abfällig als Trieb bezeichnet, ist die mächtigste Bewegung des Lebens. Sie bringt das Leben voran. Daher sind dieses Begehren und diese Sehnsucht am tiefsten mit dem Urgrund des Lebens verbunden. Indem wir das anerkennen, sind wir in dieser Liebe mit dem Urgrund des Lebens eins. Diese Liebe und dieses Begehren verbinden uns mit der Fülle des Lebens. Wer sich auf diese Liebe einlässt, ist gefordert. Sowohl das höchste Glück wie das tiefste Leid folgen aus dieser Sehnsucht und dieser Liebe. In ihr wachsen wir.

Wer sich auf diese Liebe eingelassen hat, fließt nach einiger Zeit über. Diese Liebe geht über die Paarbeziehung weit hinaus, zum Beispiel wenn diese Liebe Kinder hervorbringt. Dann geht diese Liebe weiter in der Liebe der Eltern zu ihren Kindern. Und die Liebe, die die Kinder erfahren, fließt auf die Eltern zurück. So wachsen die Kinder heran, bis sie selbst einen Mann suchen oder eine Frau und der Fluss des Lebens durch sie weiterfließt.

Also, wo die Liebe beginnt, schließt sie im Laufe der Zeit immer mehr ein. Sie erfasst auch andere. Aber erst, wenn wir diese Liebe in uns als menschlich erfahren und bejaht haben. In dieser Hinsicht ist die ganz große Liebe gewöhnlich. Diese Liebe hat Kraft, und sie dauert.

Das Paradies

Noch eine wichtige Einsicht. Das Glück wartet außerhalb des Paradieses. Wachstum gibt es nur außerhalb des Paradieses. Das Schöpferische beginnt, nachdem wir aus dem Paradies vertrieben wurden. Die große Liebe beginnt, nachdem die paradiesische Liebe vorbei ist.

Die Hingabe

In der Hingabe gehe ich auf der einen Seite von mir weg. Ich lasse in mir etwas los. Auf der anderen Seite gehe ich zu etwas hin. Ich gebe mich ihm hin, sodass ich nicht mehr mir gehöre, sondern ihm, dem ich mich hingebe.

Verliere ich mich in der Hingabe? Oder finde ich mich in der Hingabe wieder, nur auf eine neue, erfülltere Weise? Sie ist Lassen und Finden zugleich.

Die Frage ist: Wo fängt die Hingabe an? Fängt sie bei mir

an? Geht sie von mir aus? Oder werde ich zuerst von etwas außerhalb von mir angezogen? Ist meine Hingabe nur die Erwiderung und Antwort auf etwas, was ihr vorausging? Zum Beispiel die Hingabe an eine Arbeit, an ein Spiel, an ein Interesse, an eine besondere Musik und, vor allem natürlich, an Menschen, die wir lieben? Die Hingabe zum Beispiel als Kinder an unsere Eltern, die Hingabe als Mann und Frau an den geliebten Partner, die Hingabe als Eltern an unsere Kinder?

Die Hingabe beginnt, wenn wir von einer Bewegung erfasst werden, die uns an sich zieht und sammelt. In dem Augenblick lassen wir los und geben uns ihr hin. Von da an sind wir Bewegungen hingegeben, die von uns Besitz nehmen.

Seltsamerweise sind wir gerade in der Hingabe am tiefsten bei uns selbst. In der Hingabe hört die Mühe auf. In ihr sind wir sowohl außer uns als auch bei uns, selbstvergessen und doch ganz da. Wir sind in etwas anderem da und zugleich in Bewegung.

Wo erleben wir die Hingabe am umfassendsten? Im gesammelten Schauen auf ein mächtiges Gegenüber, das uns anzieht und dennoch für uns unfassbar geheimnisvoll bleibt. Diese Schau ist reine Hingabe ohne Bewegung. Sie ist bleibende Hingabe, Hingabe als reines Da-Sein.

Innig

Innig ist innen. Die innige Verbindung ist innen, von innen zu innen. Was ist so innen in uns? Unsere Seele und unser Herz. Die innige Verbindung ist von Seele zu Seele und von Herz zu Herz.

Was ist das für eine Seele? Was ist das für ein Herz? Ist es meine Seele? Ist es mein Herz? Oder ist es eine gemeinsame Seele, ein gemeinsames Herz? Ist es eine Seele, die sowohl über mich hinausgeht als auch über dich? Ist es ein größeres Herz, das mein Herz und dein Herz übersteigt?

Wo werden wir dann innig? Innerhalb von uns oder außerhalb? Oder innerhalb von etwas, das uns beide umfasst?

Wir werden miteinander gleichzeitig mit etwas anderem innig, doch auf Abstand. Denn dieses andere bleibt jenseits von uns. Daher sind wir innig und doch nicht innig. Aber auch nicht außerhalb innig. Wir sind in etwas uns Übergreifendem innig. Innig also, weil wir gleichzeitig in etwas anderem innig sind, und so in unserer Innigkeit auch sicher.

Was geschieht dann mit uns in der Liebe von Mann und Frau? Wir sind innen, weil wir auch außer uns sind.

Glückliche Kinder

Was macht Kinder glücklich?

Wenn ihre Eltern über sie glücklich sind. Und zwar beide Eltern. Wann sind beide Eltern glücklich über das Kind? Wenn sie im Kind den anderen Partner, den Mann oder die Frau, achten, lieben und sich über ihn freuen.

Wir reden viel über die Liebe. Aber wie zeigt sich die Liebe am schönsten? Wenn ich mich über den anderen freue, und zwar genauso, wie er ist. Und wenn man sich über das Kind freut, genauso, wie es ist.

Es ist so, dass die Eltern aus der erfahrenen Macht über das Kind – vor allem die Mütter erfahren diese Macht ganz tief, indem sie ja so lange in Symbiose mit dem Kind leben –, dass sie auf einmal die Macht, die sie haben, als Auftrag erleben. Nicht mehr als eigene Macht, sondern als eine im Dienst des Kindes für eine Zeit.

Vor einiger Zeit war ich bei einem Kurs, in dem eine Frau mit einem fünf Monate alten Kind dabei war, das sie vor ihrer Brust hielt. Sie saß neben mir. Ich habe ihr gesagt: »Schau über das Kind hinaus, auf etwas weit hinter ihm.« Sie hat über das Kind hinausgeschaut. Auf einmal hat das Kind tief aufgeatmet und hat zu mir herübergelächelt. Es wurde glücklich. – Also, in diesem Bezug darüber hinaus sind beide freier, sowohl die Eltern als auch das Kind. Beide können sich mehr ihrer Bestimmung fügen, sich an ihrer Bestimmung freuen, und lassen den anderen auf diese Weise so weit wie notwendig los.

Was ist dieses Ferne, auf das die Frau geschaut hat? Es ist das je eigene Schicksal, ihres und das des Kindes. Es ist sogar noch etwas jenseits des Schicksals. Es ist etwas, das uns verborgen bleibt. Vor ihm bleiben wir demütig, und doch wissen wir uns von ihm auf besondere Weise geführt und getragen.

Schwierigen Kindern helfen

Die wissende Liebe

Zu den Hintergründen, die Kindern Schwierigkeiten machen, gehört die Vorstellung, dass sie etwas für ihre Eltern oder Ahnen übernehmen können oder dürfen. Das führt zu endlosen Problemen für Kinder. Und auf gewisse Weise auch für ihre Eltern. Um das zu verstehen, muss man etwas wissen über den Unterschied zwischen den verschiedenen Gewissen.

Das gute und schlechte Gewissen

Wir fühlen unser Gewissen als gutes Gewissen und als schlechtes Gewissen, als Unschuld und als Schuld. Viele meinen, das hätte etwas zu tun mit Gut und Böse. Das hat es aber nicht. Es hat etwas zu tun mit der Bindung an die Familie und mit der Trennung von ihr. Jeder weiß mit Hilfe seines Gewissens instinktiv, was er tun muss, um dazuzugehören. Ein Kind weiß instinktiv, was es tun muss, um zur Familie zu gehören. Wenn es sich dementsprechend verhält, hat es ein gutes Gewissen. Ein gutes Gewissen heißt also: Ich fühle, ich habe das Recht dazuzugehören.

Wenn ein Kind davon abweicht oder wenn wir davon abweichen, haben wir Angst, die Zugehörigkeit zu verlieren. Diese Angst fühlen wir als schlechtes Gewissen. Ein schlechtes Gewissen heißt also: Ich habe Angst, dass ich mein Recht auf die Zugehörigkeit verspielt habe.

Das gute und schlechte Gewissen fühlen wir verschieden in verschiedenen Gruppen. Wir fühlen es sogar verschieden von Person zu Person. Deswegen haben wir zum Beispiel beim Vater ein anderes Gewissen als bei der Mutter und im Beruf ein anderes Gewissen als zu Hause. Das Gewissen ändert sich also dauernd, weil wir von Gruppe zu Gruppe und von Person zu Person eine andere Wahrnehmung haben, denn von Gruppe zu Gruppe und von Person zu Person ist es etwas anderes, was wir tun oder lassen müssen, um dazuzugehören.

Mit Hilfe des Gewissens unterscheiden wir auch die, die zu uns gehören, von denen, die nicht zu uns gehören. Indem das Gewissen uns an unsere Familie bindet, trennt es uns von anderen Gruppen oder Menschen, und es verlangt von uns, uns von ihnen zu trennen. Deswegen haben wir aufgrund unseres Gewissens oft ablehnende und sogar feindselige Gefühle anderen Menschen und Gruppen gegenüber. Diese Ablehnung hat mit dem Bedürfnis nach Zugehörigkeit zu tun und wenig oder überhaupt nichts mit Gut und Böse.

Also, das ist das eine Gewissen, das Gewissen, das wir fühlen. Mit Hilfe dieses Gewissens unterscheiden wir zwischen Gut und Böse, aber immer nur mit Bezug zu einer bestimmten Gruppe.

Die Verstrickung

Nun gibt es aber noch ein anderes, ein verborgenes Gewissen, ein archaisches Gewissen, ein kollektives Gewissen. Dieses Gewissen folgt anderen Gesetzen als das Gewissen, das wir fühlen. Es ist das Gewissen der Gruppe. Dieses Gewissen achtet darauf, dass sich in einer Familie alle bestimmten, für das Überleben und den Zusammenhalt der Gruppe wichtigen Ordnungen fügen.

Zu diesen Ordnungen gehört als Erstes, dass jeder, der dazugehört, das gleiche Recht auf Zugehörigkeit hat. Aber unter dem Einfluss des Gewissens, das wir fühlen, schließen wir manchmal einige aus der Familie aus. Zum Beispiel solche, von denen wir denken, sie seien böse, aber auch solche, vor denen wir Angst haben. Wir schließen sie aus, weil wir meinen, sie wären für uns gefährlich.

Nun wird aber durch dieses andere, verborgene Gewissen das, was wir in dieser Hinsicht mit dem Gewissen, das wir fühlen, guten Gewissens tun, verurteilt. Denn dieses andere Gewissen duldet nicht, dass irgendjemand ausgeschlossen wird. Wenn das dennoch geschieht, wird jemand unter dem Einfluss dieses verborgenen Gewissens später dazu verurteilt, dass er den Ausgeschlossenen in seinem Leben nachahmt und vertritt, ohne dass ihm das bewusst wird. Diese unbewusste Verbindung mit einer ausgeschlossenen Person nenne ich eine Verstrickung.

Von daher können wir verstehen, dass viele Kinder, von denen wir meinen, sie würden sich seltsam verhalten oder sie wären selbstmordgefährdet, oder die süchtig werden oder was immer, in Verbindung sind mit einer ausgeschlossenen Person. Sie sind mit ihr verstrickt. Daher kann man ihnen erst helfen, wenn sie und andere in der Familie diese ausgeschlossene Person wieder in den Blick nehmen und sie zurücknehmen in die Familie und ins eigene Herz. Danach sind die Kinder von der Verstrickung frei.

Um solchen Kindern zu helfen, müssen andere in der Familie, die bisher weggeschaut haben, endlich hinschauen. Und solche, die jemandem böse waren oder ihn abgelehnt haben, müssen sich ihm mit Liebe zuwenden und ihn wieder in die Familie aufnehmen. Das ist der Hintergrund für viele Schwierigkeiten von Kindern, und auch für die Sorgen, die Eltern sich manchmal um diese Kinder machen.

Die blinde Liebe

Nun gilt aber für dieses andere, verborgene Gewissen noch ein anderes Gesetz. Auch dieses Gesetz führt zu Schwierigkeiten für Kinder. Dieses Gesetz verlangt, dass die, die früher zur Familie gehört haben, Vorrang haben vor denen, die später dazugekommen sind. Es gibt also zwischen den früheren und den späteren Mitgliedern eine Rangordnung. Diese Rangordnung muss eingehalten werden.

Viele Kinder aber nehmen sich heraus, für ihre Eltern etwas auf sich zu nehmen, um ihnen zu helfen. Damit verstoßen sie gegen diese Rangordnung. Dann sagt das Kind der Mutter oder dem Vater unter dem Einfluss seines Gewissens solche inneren Sätze wie: »Ich übernehme das für dich.« »Ich sühne für dich.« »Ich werde für dich krank.« »Ich sterbe für dich.« Das alles geschieht aus Liebe, aber aus einer blinden Liebe. Diese blinde Liebe führt zu Verhaltensweisen wie Sucht oder zu Selbstmordgefährdung und aggressivem Verhalten. Aber diese Verhaltensweisen und diese Selbstgefährdung haben zu tun mit dem Versuch, für die Eltern etwas auf sich zu nehmen. Dadurch wird diese Ordnung übertreten und verletzt.

Die Ordnung

Wenn man um diese Rangordnung weiß, kann man sie wiederherstellen. Das heißt zum Beispiel: Die Eltern stehen zu den Folgen ihres eigenen Verhaltens und ihrer eigenen Verstrickung und tragen sie alleine. Dann ist das Kind frei. Es braucht nichts mehr von dem, was allein die anderen angeht, für sie zu übernehmen.

Nun ist es aber so, dass der Verstoß gegen die Ursprungsordnung von diesem anderen, verborgenen Gewissen schwer bestraft wird. Jedes Kind, das versucht, für die Eltern oder für andere, die schon vor ihm da waren, etwas zu übernehmen, scheitert. Kein Versuch, für die Eltern etwas zu übernehmen, hat Erfolg. Er ist immer zum Scheitern verurteilt, und zwar für alle Beteiligten. Das muss man wissen. Deswegen hilft man Kindern, sich aus dieser Einmischung zu lösen. Statt auf die Kinder schaut man zuerst auf die Eltern und lässt die Eltern das Problem für sich lösen. Wenn die Eltern es für sich gelöst haben, fühlen sich die Kinder frei. Sie werden wieder friedlich und fühlen sich aufgehoben.

Also, das sind zwei Grundgesetze, die man im Blick haben muss und im inneren Verständnis, wenn man schwierigen Kindern helfen will.

Alle Kinder sind gut – und ihre Eltern auch

Wenn ich sage: »Alle Kinder sind gut – und ihre Eltern auch«, löst es vielleicht bei einigen Kopfschütteln aus. Wie ist denn das möglich? Diese Aussagen gehen sehr weit. Sie sagen ja gleichzeitig, dass auch wir gut sind und dass wir als Kinder gut waren und noch immer gut sind. Sie sagen, dass auch unsere Eltern gut sind, weil sie Kinder waren, dass sie als Kinder gut waren und es als Eltern auch sind.

Ich will etwas über den Hintergrund dieses Satzes erklären, weg von dem vordergründigen Gerede, wenn wir sagen: »Aber das Kind hat doch das und das gemacht, und die Eltern haben das und das gemacht.« Sie haben es gemacht. Aber wieso? Aus Liebe.

Natürlich ist hier die Schlussfolgerung, dass jeder, wie er ist, gut ist. Dass er gerade deswegen gut ist, weil er so ist, wie er ist. Dass wir uns deswegen weder um uns selbst noch um Kinder noch um unsere Eltern Sorgen machen dürfen, ob sie gut sind oder nicht. Nur ist unser Blick manchmal verdunkelt, sodass wir nicht sehen, wo wir gut sind, wo die Kinder gut sind und wo ihre Eltern gut sind. Das möchte ich zuerst in einem Überblick erläutern.

Das geistige Feld

Durch das Familien-Stellen ist ans Licht gekommen, dass wir eingebunden sind in ein größeres System, in ein Familiensystem. Zu diesem System gehören nicht nur unsere Eltern und die Geschwister, sondern auch die Großeltern und die Urgroßeltern und die Ahnen. Es gehören zu diesem System auch andere, die auf eine bestimmte Weise für dieses System wichtig waren, wie zum Beispiel frühere Partner unserer Eltern oder Großeltern. In diesem System werden alle von einer gemeinsamen Kraft gesteuert. Diese Kraft folgt bestimmten Gesetzen.

Das Familiensystem ist ein geistiges Feld. Innerhalb dieses geistigen Feldes – so kann man es über das Familien-Stellen erfahren – sind alle mit allen in Resonanz. Dieses Feld ist manchmal in Unordnung. Die Unordnung in einem solchen Feld entsteht, wenn jemand, der auch dazugehört, ausgeschlossen wurde oder abgelehnt oder vergessen. Diese ausgeschlossenen und vergessenen Personen sind mit uns in Resonanz und bringen sich in der Gegenwart zur Geltung. Denn in diesem Feld gilt ein Grundgesetz: *Alle, die dazugehören, haben das gleiche Recht dazuzugehören.* Niemand kann ausgeschlossen werden. Diesem Feld geht niemand verloren, er wirkt in diesem Feld weiter. Wenn er ausgeschlossen wurde, aus was für Gründen auch immer, wird unter dem Einfluss dieses Feldes, über diese Resonanz, ein anderes Mitglied der Familie dazu bestimmt, den

Ausgeschlossenen zu vertreten. Dann verhält sich dieses Mitglied, zum Beispiel ein Kind, seltsam. Es wird vielleicht süchtig oder krank oder kriminell oder aggressiv. Es wird vielleicht sogar ein Mörder oder es wird schizophren, was auch immer. Aber wieso? Weil diese Person mit Liebe auf einen Ausgeschlossenen schaut und durch ihr Verhalten uns dazu zwingt, diesen Abgelehnten und Ausgeschlossenen anzuschauen mit Liebe. Dieses sogenannte schlimme Verhalten ist Liebe zu jemandem, der in diesem Feld ausgeschlossen wurde.

Statt dass wir nun auf ein solches Kind mit Sorge schauen und es zu verändern suchen, was sowieso nichts hilft, wie ihr ja wisst, weil größere Kräfte am Werk sind, schauen wir mit diesem Kind auf dieses Feld, dem wir angehören, auf dieses geistige Feld, bis wir unter der Leitung dieses Kindes dorthin schauen können, wo diese ausgeschlossene Person darauf wartet, dass wir sie anschauen und sie zurücknehmen in unsere Seele, in unser Herz, in unsere Familie, in unsere Gruppe, vielleicht auch in unser Volk.

Also, alle Kinder sind gut, wenn wir sie gut sein lassen. Das heißt, wenn wir, statt nur auf die Kinder zu schauen, dorthin schauen, wohin sie schauen mit Liebe.

Nun ist die große Erfahrung beim Familien-Stellen: Statt dass wir uns um diese Kinder oder andere Personen Sorgen machen und von ihnen denken: »Wie können die sich nur so verhalten?«, schauen wir mit ihnen auf eine ausgeschlossene Person und nehmen sie zu uns herein. Sobald diese Person hereingenommen wird in die Seele der Eltern und der Familie und der Gruppe, atmet das Kind auf und kann endlich von dieser Verstrickung in eine andere Person frei sein.

Wenn wir das wissen, können wir warten, bis wir erkennen, wohin uns das Verhalten dieses Kindes führt, wohin es uns als Eltern oder als andere Familienmitglieder führt. Wenn wir mit den Kindern dort hingehen und die andere Person zu uns hereinnehmen, sind die Kinder erlöst.

Wer ist noch erlöst? Auch die Eltern und andere Familienmitglieder. Auf einmal werden wir anders oder reicher, weil wir etwas Ausgeschlossenem in uns wieder einen Platz gegeben haben. Alle können sich jetzt, in der Gegenwart, anders verhalten. Mit mehr Liebe, mit mehr Nachsicht, jenseits unserer billigen Unterscheidungen von Gut und Böse, durch die wir vielleicht meinen, wir wären besser und die anderen wären schlechter, obwohl die anderen, die wir als schlecht anschauen, nur auf eine andere Weise Liebende sind. Wenn wir mit den Kindern dorthin schauen, wo sie lieben, hören diese Unterscheidungen zwischen Gut und Böse auf.

Eine andere Schlussfolgerung ist natürlich, dass auch unsere Eltern gut sind und dass hinter allem, was wir vielleicht an unseren Eltern aussetzen wollten, Liebe wirkt. Diese Liebe geht aber nicht zu uns, sondern woandershin, dorthin, wohin sie als Kinder geschaut haben, zu jemandem, den sie in die Familie hereinbringen wollten. Wenn wir anfangen, allen diesen Ausgeschlossen in uns Raum zu geben, dann schauen auch wir mit unseren Eltern dorthin, wo sie lieben. Dann werden sowohl wir als auch unsere Eltern frei. Auf einmal erfahren wir uns in einer völlig anderen Situation und lernen, was wirkliche Liebe bedeutet.

Die verborgene Liebe des Kindes

Was in Kindern in ihrem Verhalten, das oft so bedrückend ist, ans Licht kommt, ist etwas, was in dem System notwendig ist, was aber die anderen in dem System verweigern. Das Kind nimmt es für die anderen auf sich. Es blickt mit Liebe auf die Ausgeschlossenen. Hinter all diesem Verhalten wirkt eine verborgene Liebe. In der Arbeit mit Kindern, die schwierig sind, schaut man daher nicht auf das Kind, sondern dorthin, wohin das Kind schaut. Dann kommt eine Bewegung in Gang, eine heilende Bewegung, die das Kind frei macht, weil die anderen dorthin schauen, wohin sie schauen müssen. Das Kind braucht dann nicht mehr an ihrer Stelle dorthin zu schauen und sich entsprechend zu verhalten. Das ist in dieser Arbeit, Kindern zu helfen, die wesentliche Vorgehensweise.

Wenn wir bedenken, was mit vielen solchen Kindern passiert. Sie werden behandelt und bekommen Medikamente, als wären die Kinder in irgendeiner Weise nicht in Ordnung. Dabei tun sie etwas für die anderen, für die Großen. Deswegen ist diese Art der Hilfe für Kinder bahnbrechend und eröffnet völlig neue Möglichkeiten. Aber nur, wenn wir nicht auf die Kinder schauen, sondern mit ihnen dorthin, wohin es sie zieht und was sie tun wollen für die Erwachsenen. Dann werden die Kinder entlastet. Die Eltern und wer immer noch mitbeteiligt ist, die müssen sich verändern. Die müssen das in den Blick nehmen, was sie nicht in den Blick genommen haben. Damit beginnt eine Entwicklung, eine Wachstumsentwicklung, in den Eltern zuerst. Dann erst sind die Kinder frei.

Die Ordnung

Das ist systemische Pädagogik, eine völlig andere Pädagogik. Das ist das Geheimnis dieser Arbeit hier. Sie ist Lebenshilfe in einer besonderen Weise. Hier helfe ich Kindern aus einer Verstrickung heraus und bringe in ihrem Familiensystem etwas in Ordnung.

Die Unordnung in einem System ist immer die gleiche: es werden solche, die dazugehören, ausgeschlossen. Zu einem System gehören auch alle Opfer von Mitgliedern dieser Familie. Wenn einer am Tod von anderen beteiligt war, vielleicht auf sehr schuldhafte Weise, dann gehören diese Toten mit zum System. Sie sind gegenwärtig. Sie wirken, sie machen sich bemerkbar, oft über ein Kind. Dieses Kind schaut dann dorthin. Aber wenn die anderen nicht dorthin schauen, hilft das nicht. Die, die es wirklich betrifft, die müssen dorthin schauen. Dann kommt diese Unordnung in Ordnung.

Ordnung heißt immer, dass Ausgeklammertes hereingenommen wird. Das ist es, was ich in meiner Arbeit vor allem im Auge habe, jetzt und in der Zukunft. Das ist Lebenshilfe in dieser umfassenden Weise. Sie öffnet den Blick für andere Zusammenhänge, in denen es dann einfacher wird, Kindern und natürlich auch ihren Eltern zu helfen.

Beispiel: »Ich bleibe bei dir«

Helfer: Es geht um einen Jungen, der 12 Jahre alt ist und den Eltern und den Lehrern entgleitet. Sein Verhalten ist chaotisch und aggressiv. Sein Vater ist krank.

Hellinger: Was ist die Krankheit?

Helfer: Offene Beine und zu hoher Blutdruck.

Hellinger: *zur Gruppe* Wenn wir uns vorstellen, was er geschildert hat: Wohin schaut der Junge? Wohin geht seine Liebe?

Helfer: Zum Vater.

Hellinger: Das ist doch ganz klar.
nach einiger Überlegung: Wenn wir dem nachspüren, was ist der Satz, den der Junge innerlich sagt? Er sagt dem Papa: »Ich bleibe bei dir.«
Was sagt der Papa ihm?: »Ich freue mich über dich.«
Was sagst du zu ihm als sein Lehrer?: »Ich sehe deine Liebe und freue mich darüber.«
Jetzt hast du seinen Vater in deinem Herzen, das kann man sofort sehen. Wenn du ihn im Herzen hast, weißt du, wo der Junge aufgehoben ist. Okay?

Helfer: Ja.

Hellinger: Gut.

Beispiel: Die Tochter will nicht lernen

Hellinger *zu einer Frau:* Um was geht es da?

Frau: Meine Tochter will nicht zur Schule gehen. Sie ist jetzt im vierten Schuljahr. Sie weigert sich immer mehr, sowohl zur Schule zu gehen als auch das Haus zu verlassen.

Hellinger: Was ist mit dem Vater der Tochter?

Frau: Der Vater ist sehr viel jünger als ich. Wir sind nie sehr viel zusammen gewesen. Wir haben uns jetzt mehr oder weniger versucht zu trennen. Ich habe ihn oft einbezogen in das Thema, aber er hat sehr viel mit sich selber zu tun.

Hellinger: Wie viel jünger ist er?

Frau: 22 Jahre.

Hellinger: 22 Jahre jünger? Ach so? Gut, dann werde ich mal anfangen mit der Tochter.

Hellinger wählt eine Stellvertreterin für die Tochter und lässt sie sich hinstellen. Die Tochter bewegt unruhig die Finger und reibt sich die Hände. Dann schaut sie auf den Boden.

Hellinger lässt sie sich für einen Augenblick noch einmal hinsetzen. Er wählt eine Stellvertreterin für die Mutter des Kindes. Diese Stellvertreterin dreht den Kopf zur Seite. Dann schaut sie auf den Boden und ballt dazwischen die Fäuste. Sie geht in die Hocke und reibt mit der einen Hand den Boden, als wolle sie etwas wegwischen. Die andere Hand ballt sie zur Faust.

Hellinger bittet nun die Stellvertreterin der Tochter, sich in einiger Entfernung der Mutter wieder gegenüberzustellen. Die Mutter reibt weiterhin heftig den Boden.

Hellinger *zur Stellvertreterin der Tochter:* Sag deiner Mutter: »Ich pass auf dich auf.«

Tochter: Ich pass auf dich auf.

Die Mutter reibt weiterhin den Boden und schaut dabei hinüber zur Tochter. Die Tochter tritt näher zur Mutter. Diese wendet sich weg und reibt nun mit beiden Händen den Boden. Sie schaut kurz zur Tochter hinüber, dreht sich aber wieder weg von ihr. Die Tochter breitet die Arme aus, als wolle sie der Mutter helfen. Die Mutter kniet nun auf beiden Knien und berührt mit dem Kopf fast den Boden. Sie reibt weiterhin mit beiden Händen den Boden.

Hellinger *nach einer Weile zu den Stellvertretern:* Okay, danke euch beiden.

   zur Frau: Ist dir klar, warum die Tochter zu Hause bleiben will?

Frau: Sie schützt mich, sie will mir helfen.

Hellinger: Ja, sie hat Angst, dass du stirbst oder dich umbringst.

Die Frau nickt betroffen und beginnt zu weinen.

Frau: Kannst du mir helfen, in welche Richtung ich schauen soll?

Hellinger: Ich darf mich da nicht einmischen. Da gibt es ein Geheimnis und ich muss das achten.

Die Frau atmet tief und nickt.

Frau: Ich weiß es.

Hellinger: Klar weißt du's. Aber ich will es nicht wissen. Ich darf es auch nicht wissen. Deine Tochter weiß es aber auch. Sie spürt es zumindest.

Die Frau atmet weiterhin tief und nickt.

Hellinger *nach einer Weile:* Du kannst eine Übung mit der Tochter machen. Am Morgen, bevor die Schule losgeht, sagst du ihr: »Du kannst dich darauf verlassen, heute bleibe ich.« Bevor sie zur Schule geht. Am nächsten Morgen sagst du es auch: »Heute bleibe ich. Du kannst ruhig in die Schule gehen.«

Die Frau lacht erleichtert.

Hellinger: Okay?

Frau: Danke.

Hellinger *zur Gruppe:* Es scheint ein Problem zu sein, und es ist lauter Liebe. Es ist lauter Liebe bei dem Kind.

Beide Eltern

Jedes Kind hat zwei Eltern. Es braucht immer beide Eltern. Ein Kind muss beide Eltern lieben dürfen. Ein Kind versteht nicht, warum sich seine Eltern trennen. Es hat beide gleichermaßen lieb. Aber manchmal, wenn die Eltern sich trennen und das Kind bei der Mutter bleibt, hängt es in jeder Hinsicht von seiner Mutter ab. Manchmal hat es Angst zu zeigen, dass es den Vater gleichermaßen liebt. Es hat Angst, dass die Mutter böse wird und dass es mit dem Vater auch noch die Mutter verliert. Aber heimlich liebt es den Vater immer. Wenn es von der Mutter hört, dass sie ihren Vater sehr geliebt hat, darf das Kind der Mutter zeigen, dass es auch den Vater liebt. Dann fühlt sich das Kind erleichtert.

Die unterbrochene Hinbewegung

Ein besonders häufiges Kindheitstrauma ist eine frühe unterbrochene Hinbewegung des Kindes zur Mutter oder zum Vater, meistens aber zur Mutter. Wenn die Liebe nicht ans Ziel kommen kann, wird das Kind traurig oder wütend und manchmal auch verzweifelt. Diese Wut oder Verzweiflung oder Traurigkeit ist die andere Seite der Liebe, einer Liebe, die nicht ans Ziel kommen konnte.

Wenn solche Menschen später auf eine andere Person zugehen wollen, wird in ihrem Körper die Erinnerung an diese Unterbrechung wieder wach und die Hinbewegung zu anderen Menschen wird abgebrochen. Sie können also die Liebe nicht weiterführen und bewegen sich daher oft im Kreis. Jedes Mal, wenn sie zu dem Punkt kommen, an dem die Gefühle von damals wieder gefühlt werden, halten sie inne. Statt weiterzugehen, wenden sie sich ab und beginnen eine Kreisbewegung, weg und zurück zum Punkt der damaligen Unterbrechung. In der nächsten Beziehung und mit einer anderen Person beginnt der Kreislauf von vorne, doch auch dieses Mal nur bis zu dem besagten Punkt. Diese Kreisbewegung, immer zurück zum gleichen Punkt, ohne vorwärtszugehen, beschreibt, was man eine Neurose nennt. Sie ist eine Kreisbewegung, immer wieder zurück zum gleichen Punkt, an dem eine Hinbewegung unterbrochen wurde.

Wie die unterbrochene Hinbewegung nachträglich ans Ziel gebracht wird

Durch die Eltern

Eine früh unterbrochene Hinbewegung des Kindes doch noch ans Ziel bringen kann am besten die Mutter. Denn die unterbrochene Hinbewegung des Kindes geht in der Regel zu ihr. Bei kleinen Kindern gelingt das der Mutter noch leicht. Sie schließt das Kind in die Arme, drückt es mit Liebe an sich und hält es so lange fest, bis die Liebe, die durch die Unterbrechung in Wut und Trauer umgeschlagen war, wieder offen als Liebe und Sehnsucht zur Mutter hin fließt und das Kind sich in ihren Armen entspannt.

Auch einem erwachsenen Kind kann die Mutter helfen, eine unterbrochene Hinbewegung ans Ziel zu bringen und die Folgen der Unterbrechung wieder rückgängig zu machen, indem sie es hält. Doch dazu muss der Vorgang in die Zeit der Unterbrechung zurückverlegt werden. Dort, wo die Hinbewegung unterbrochen wurde, dort muss sie auch wieder aufgenommen und an das Ziel von damals gebracht werden. Denn es ist das Kind von damals, das zur Mutter von damals will, und es will auch jetzt noch zur Mutter von damals. Daher müssen während des Haltens sowohl das Kind als auch seine Mutter sich wieder wie das Kind und die Mutter von damals fühlen. Die Frage ist nur: Wie kann es sich fügen, was die lange Getrennten wieder vereint?

Dazu ein Beispiel: Eine Mutter machte sich Sorgen um ihre erwachsene Tochter. Doch die Tochter mied ihre Mutter und kam nur selten nach Hause. Ich habe der Mutter gesagt, sie müsse die Tochter noch einmal so halten wie eine Mutter ihr trauriges Kind. Sie solle jedoch nichts unternehmen, sondern nur dieses Bild in ihrer Seele wirken lassen, bis der Vollzug sich fügt wie von selbst. Nach einem Jahr, so erzählte sie, sei ihre Tochter nach Hause gekommen, habe sich still und innig an sie geschmiegt, und sie habe sie lange innig gehalten. Dann stand die Tochter auf und ging. Weder sie noch die Mutter hatten etwas gesagt.

Durch Stellvertreter der Eltern

Wenn Mutter oder Vater nicht verfügbar sind, können Helfer sie vertreten. Beim kleinen Kind sind es Verwandte oder Erzieher, beim erwachsenen Kind vielleicht ein kundiger Psychotherapeut. Der Helfer oder Therapeut wartet aber auf die rechte Zeit. Er verbündet sich innerlich mit der Mutter oder dem Vater des Kindes. Er handelt nur als deren Stellvertreter und wic in ihrem Auftrag. Er liebt das Kind an Stelle der Eltern und leitet die Liebe des Kindes, die vordergründig ihm entgegengebracht wird, an sich vorbei hin zu den Eltern. Sobald das Kind bei seinen Eltern angekommen ist, zieht er sich zurück. So wahrt der Helfer bei aller Intimität die Distanz und bleibt innerlich frei.

Die tiefe Verneigung

Beim erwachsenen Kind steht der Hinbewegung manchmal entgegen, dass es seine Eltern verachtet oder ihnen Vorwürfe macht, weil es sich als besser vorkommt und besser sein will als sie, aber auch, weil es von ihnen anderes will, als sie ihm geben. Dann muss der Hinbewegung eine tiefe Verneigung vorausgehen.

Diese tiefe Verneigung ist in erster Linie ein innerer Vollzug. Doch sie gewinnt an Tiefe und Kraft, wenn sie sichtbar und hörbar gemacht wird. Wenn zum Beispiel in einer verständigen Gruppe die Herkunftsfamilie des Kindes aufgestellt wird und das »Kind« sich vor die Stellvertreter seiner Eltern kniet, sich bis auf den Boden vor ihnen verneigt, ihnen die Arme mit nach oben geöffneten Händen entgegenhält und in dieser Haltung so lange verharrt, bis es bereit ist, einem von ihnen oder beiden zu sagen: *»Ich gebe dir – ich gebe euch – die Ehre.«* Manchmal fügt es hinzu: *»Es tut mir leid«* oder *»Ich habe es nicht gewusst«* oder *»Ihr habt mir sehr gefehlt«* oder einfach nur *»Bitte!«* Dann erst kann das Kind sich erheben, kann sich zu seinen Eltern mit Liebe hinbewegen, sie innig umarmen und sagen: *»Liebe Mama«,* *»liebe Mutti«, »lieber Papa«, »lieber Vati«* oder einfach nur: *»Mama«, »Mutti«, »Papa«, »Vati«,* oder wie immer es als Kind seine Eltern angeredet hat.

Wichtig ist, dass die Stellvertreter der Eltern während des gesamten Vorgangs nichts sagen, vor allem aber, dass sie dem Kind, wenn es sich vor ihnen verneigt, nicht entgegenkommen, sondern die Ehrerbietung an Stelle der Eltern entgegennehmen, bis der Achtung Genüge getan wurde und das Trennende schmilzt. Erst bei der Umarmung kommen auch sie ihm mit ihrer Umarmung entgegen.

Wenn während einer Familienaufstellung die Verneigung und die Hinbewegung dem Betroffenen nicht zugemutet werden kann, darf sein Stellvertreter in der Familienaufstellung ihn auch hier vertreten und für ihn sagen und tun, was fällig wäre. Das kann manchmal sogar wirksamer sein, als wenn der Betroffene es selbst vollzieht.

Die Hinbewegung über die Eltern hinaus

Die Hinbewegung zu unseren Eltern und die Verneigung vor ihnen gelingen, wenn sie zugleich über die Eltern hinausgehen. Wir erfahren diese Verneigung, wenn sie gelingt, als Zustimmung zur eigenen Herkunft und ihren Folgen und als unseres Schicksals tiefsten Vollzug. Wem die Hinbewegung und die Verneigung in diesem vollen Sinne gelingen, der kann auch als Kind aufrecht und mit Würde neben seinen Eltern stehen, gleichsam auf gleicher Höhe mit ihnen, weder zu hoch noch zu niedrig.

Kindern mit Geschichten helfen

Oft ist es so, dass Kinder innerlich wissen, was sie brauchen. Sie wollen es aber nicht gesagt bekommen. Es soll aus eigener innerer Einsicht kommen. Dann erzählt man dem Kind bestimmte Geschichten, die ihm helfen, über eine Schwierigkeit hinwegzukommen. Man erzählt die Geschichten so, dass man sich mit der guten Einsicht des Kindes verbündet, liebevoll verbündet, wie mit einem Vertrauten.

Noch etwas ist zu beachten. Das Unbewusste kennt keine Verneinung. Wenn zum Beispiel die Eltern ihrem Kind sagen: »Pass auf, dass du nicht hinfällst!«, hört die Seele: »Pass auf, dass du hinfällst!« Das Nicht wird in der Seele nicht gehört. Daher ist es hilfreich, solche Sätze bejahend, also ohne ein »nicht« zu formulieren. Zum Beispiel: »Pass gut auf dich auf!« »Komm gut zur Schule!« »Geh sorgfältig mit dem Messer um!« Daher ist es wichtig, die Sätze, die ein Kind in einer Geschichte sagt, positiv zu formulieren.

Der Wasserhahn tropft

Eltern haben manchmal Probleme, weil ihre schon größeren Kinder Bettnässer sind. Solchen Kindern kann man Geschichten erzählen, in die man kleine Szenen einflicht. Zum Beispiel wird ein Wasserhahn zugedreht, oder eine Dachrinne wird repariert.

Rotkäppchen zum Beispiel kommt zur Großmutter, will gerade zur Tür hinein und merkt, dass die Dachrinne tropft. Da sagt es sich: »Das bringe ich zuerst in Ordnung.« Es geht in den Schuppen, holt etwas Pech, nimmt eine Leiter, klettert hoch, macht die Dachrinne dicht, damit der Eingang nicht nass wird, und dann geht es hinein zur Großmutter.

Oder zu Schneewittchen bei den sieben Zwergen kommt morgens ein kleiner Zwerg und beklagt sich, dass es über ihm durch das Dach hereingeregnet hat und er am Morgen klatschnass im Bett lag. Schneewittchen sagt ihm: »Ich werde das sofort in Ordnung bringen.« Als die Zwerge bei der Arbeit sind, klettert es auf das Dach, sieht, dass nur ein Ziegel verschoben ist, und rückt ihn wieder zurecht. Als der Zwerg am Abend heimkam, war er so müde, dass er vergaß, nach dem Dach zu fragen. Am Morgen vergaß er es auch, denn es war alles in Ordnung.

Ein Vater, dessen kleine Tochter Bettnässerin war, hat ihr am Abend solche Märchen erzählt, und sie haben sofort gewirkt. Am nächsten Morgen war ihr Bett trocken. Aber er hat dabei noch etwas anderes erlebt, das merkwürdig war.

Früher, wenn er seiner Tochter am Abend Märchen erzählte, hat sie immer genau aufgepasst, dass er die Märchen auf die gleiche Weise erzählte, ohne etwas hinzuzufügen oder wegzulassen. Doch bei diesen Abweichungen hat sie nicht protestiert, sondern sie wie selbstverständlich hingenommen. Daran sehen wir, dass sich die wissende Seele des Kindes mit dem Erzähler verbündet. Die Seele will die Lösung, ohne dass es ihr offen gesagt wird, sodass das Kind aus Einsicht und Ermutigung das Neue tun kann.

Natürlich hat das Kind wahrgenommen, was der Vater gesagt hat, sonst hätte es ja keine Wirkung gehabt. Aber weil der Vater das Problem nicht beim Namen genannt hat, hat er die Scham des Kindes respektiert. Das Kind hat sich geachtet gefühlt, dass er so behutsam mit ihm umgegangen war, und konnte reagieren.

Das Kind weiß ja, dass es ins Bett macht. Das brauchen wir ihm nicht zu erzählen. Dass es nicht ins Bett machen soll, weiß es auch. Auch das braucht ihm niemand zu erzählen. Wenn wir ihm einen Rat geben oder es auf sein Problem stoßen, fühlt es sich unterlegen. Wenn es dem Rat folgt, haben die Eltern an Selbstgefühl gewonnen, und das Kind hat an Selbstgefühl verloren. Es schützt sich gegen den Verlust des Selbstgefühls, indem es den Rat ablehnt. Gerade weil wir ihm einen Rat gegeben haben, muss es etwas anderes machen, damit es seine Würde bewahrt. Die Würde ist für jeden Menschen das Wichtigste, auch für ein Kind. Nur wenn das Kind im Rat eine tiefe Liebe spürt, kann es ihm gerne folgen.

Der Abschied

Etwas, was uns oft in der Gegenwart hindert, ist, dass wir an etwas Altes in der Kindheit gebunden sind. Wir tragen nämlich die verschiedenen Alter unserer Entwicklung dauernd mit uns herum. Also, neben mir laufe ich als Zweijähriger und als Fünfjähriger und als Zehnjähriger und als

Vierzehnjähriger und als Siebzehnjähriger, so ungefähr bis dahin. Wir laufen herum als eine Schar von uns. Könnt ihr das nachvollziehen? Also, jeder ist eine Gruppe von sich selbst.

Manchmal wird das ein Ballast, was wir da herumtragen. Der Übergang vom einen zum anderen gelingt, wenn das Frühere zurückbleiben darf. Dann gelingt der Übergang.

Also, wenn man durch die Türe geht, bleibt das, was draußen ist, draußen. Außer, wir schleppen es mit uns. Dann gibt es eine Schwierigkeit, etwas zurückzulassen.

Es gibt eine biblische Geschichte von einem gewissen Jakob. Er rang mit dem Engel am Fluss Jabbok den ganzen Morgen. Dann wollten sie sich lösen. Jakob sagte zu dem Engel: »Ich lasse dich nicht, bevor du mich gesegnet hast.«

So geht es mit unseren verschiedenen Lebensaltern. Das kleine Kind lässt uns erst los, wenn es uns gesegnet hat und wir offen sind für den Segen dieses Kindes. Für jedes Lebensalter gilt das, aber vor allem für das kleine Kind.

Was uns glücklich macht

Was macht Menschen glücklich?

Das ist hier die Frage. Wer ist am glücklichsten? Wann waren wir am glücklichsten? Am glücklichsten ist ein Kind an Mutters Brust. Gibt es etwas Glücklicheres als diese innige Verbindung? Das gilt für uns auch heute noch. Am glücklichsten sind wir in Verbindung mit unserer Mutter – und dann mit unserem Vater. Im Lauf des bisherigen Lebens ist vielleicht etwas dazwischengekommen, das uns von unserer Mutter entfremdet hat. Dann werden wir leer. Ohne Mutter sind wir leer. Dann fehlt etwas.

Das Grundgefühl

Vor vielen Jahren war ich vier Wochen lang in Chicago bei einem Therapeutenehepaar als Gasttherapeut. Der Leiter sagte mal in einer Gruppe, jeder Mensch habe ein Grundgefühl. Auf dieses Grundgefühl zieht er sich immer wieder zurück, denn in diesem Grundgefühl fühlt er den geringsten Stress. Jeder kann sofort bei sich feststellen, wie das bei ihm mit dem Grundgefühl ist. Man stellt sich zum Beispiel eine Skala vor von minus einhundert bis plus einhundert. Dieser Mann sagte, dass man sein Grundgefühl niemals ändern kann, man fällt immer wieder auf sein Grundgefühl zurück.

Nun können wir bei uns mal nachprüfen: Wo sind wir auf dieser Skala von minus hundert bis plus hundert angesiedelt? Ist es im Minusbereich, und wo im Minusbereich, oder ist es im Plusbereich, und wo im Plusbereich? Das weiß jeder sofort. Wenn ihr andere Menschen anschaut, wisst ihr es auch sofort. Man kann sofort sehen, wo einer auf dieser Glücksskala angesiedelt ist.

Der Leiter der Gruppe hat also behauptet, dass man das Grundgefühl nicht ändern kann. Doch eine meiner schönen Entdeckungen war, dass man es ändern kann. Ich habe es nämlich bei mir geändert. Da habe ich es gemerkt.

In einem Seminar über Familientherapie hat der Therapeut mit mir persönlich gearbeitet. Er hieß Les Kadis. Auf einmal habe ich mit seiner Hilfe gesehen, was meine Mutter für mich getan hat. Ich war erschüttert, plötzlich zu sehen, was meine Mutter alles für mich getan hat. Sie war immer da. Und sie war eine mutige Frau. Im Nationalsozialismus konnte man sie überhaupt nicht zu irgendetwas verführen. Als man mir mein Abiturzeugnis verweigert hat, weil ich ein potentieller Volksschädling sei, ist sie zu der Schulleitung gegangen und hat wie eine Löwin für mich gekämpft. Ich habe das Abiturzeugnis dann bekommen. Damals war ich schon ein Jahr lang beim Militär eingezogen.

Also, plötzlich ging mir auf, was für eine besondere Frau meine Mutter war. Plötzlich konnte ich sie in mein Herz nehmen, ganz, so wie sie war. Dabei habe ich an mir bemerkt, wie mein Grundgefühl auf einmal um 75 Punkte nach oben gegangen ist. 75 Punkte. Also, die Verbindung zur Mutter schafft Glück. Sie macht Menschen glücklich.

Das Glück in der Partnerschaft

Wo erträumen die meisten ihr Glück? In der Partnerschaft natürlich. Da habe ich noch eine besondere Entdeckung gemacht. Soll ich die euch erzählen? Wenn beide Partner in Verbindung sind mit ihrer Mutter, werden sie glücklich.

Manche Menschen sind einsam. Manche Frauen sind einsam, manche Männer sind einsam. Nun gut, ich habe meine Entdeckung dazu in einem Satz zusammengefasst: Ohne Mutter kein Partner. Manche Frauen sagen: »Endlich will ich einen Mann haben.« So geht das nicht. Erst muss man die Mutter haben, dann kriegt man auch einen Mann. Ohne Mutter kein Mann. Das gilt natürlich auch für den Mann. Ohne Mutter keine Frau. Aber hier weiß ich es nicht genau, denn manche Frauen wollen an die Stelle der Mutter treten und so den Mann glücklich machen. Aber wir wissen ja, was dabei herauskommt.

Also, das ist der erste Weg zum Glück, dass wir mit unseren Wurzeln verbunden bleiben und von daher uns ausbreiten und glücklich werden.

Der Augenblick

Ich möchte noch etwas über das Glück sagen. Was ist das Geheimnis des Glücks? Wo erfüllt sich das Glück? Im Augenblick. Alles Glück ist im Augenblick. Was steht dem Glück entgegen? Die Abweichung vom Augenblick. Entweder, weil man zurückschaut, oder nach vorne. Dann vergisst man den Augenblick. Dann hat man mit dem Augenblick auch das Glück des Augenblicks vergessen. Im Augenblick zu bleiben ist eine hohe Disziplin, die wir üben können.

Alles Leben ist im Augenblick, nur im Augenblick. Im Augenblick ist es voll da. Im Augenblick, jetzt, ist das Leben erfüllt. Wir machen das Herz weit für diesen Augenblick, freuen uns an diesem Augenblick, dankbar für diesen Augenblick.

Im Augenblick gibt es kein Bedauern, auch keine Furcht. Alle Furcht ist in der Zukunft angesiedelt. Alles Bedauern ist in der Vergangenheit angesiedelt. Im Augenblick sind wir ohne Bedauern und ohne Furcht.

Warum sind Kinder oft so glücklich? Weil sie nur im Augenblick sind.

Ich möchte noch etwas über den Augenblick sagen. Von Augenblick zu Augenblick leben heißt auch von Augenblick zu Augenblick sterben. Man lässt in jedem Augenblick das Alte zurück.

Beispiel: Die Arbeit

Mann: Es geht um das Thema Arbeit.

Hellinger: Das Problem Arbeit ist einfach zu lösen.

Hellinger stellt zuerst den Mann auf und dann, ihm gegenüber, eine Stellvertreterin für die Arbeit. Die Arbeit geht einen Schritt zurück und wendet sich ab.

Hellinger: Kein Wunder, dass du keine Arbeit hast. Sie mag dich nicht. Die Arbeit mag dich nicht. Sie ist dir böse, weil du sie nicht achtest. Die Arbeit flieht vor dir. Das liegt aber nicht an der Arbeit. Nun, wer war die Arbeit?

Mann: Das war etwas, das ganz weit weg ist von mir. Da war keine Bewegung dahin.

Hellinger: Wer war das hier, die Arbeit? – Sie war deine Mutter. Ohne Mutter keine Arbeit. Was hast du ihr angetan?

Mann: Im Moment fühle ich, dass sie abgewandt ist.

Hellinger: Meine Frage war sehr konkret.

Mann: Ich bin weggegangen.

Hellinger: Was heißt das?

Mann: Ich habe wenig Kontakt zu ihr. Ich habe mich abge-
wendet.

Helllnger: Was hast du ihr angetan?

Mann: Ich habe mich weggedreht von ihr.

Hellinger *zur Gruppe:* Ich glaube, er bleibt arbeitslos. Da
kann man nichts machen. Ohne Mutter keine Arbeit. Wer
sich von der Mutter wegwendet, wendet sich von der Arbeit weg – und die Arbeit von ihm.

zum Mann: Du hast ihr etwas angetan, was ihr wehgetan
hat. Mach die Augen zu.

*Der Mann schlägt die Hände vor sein Gesicht und beginnt
laut zu schluchzen.*

Hellinger *nach einer Weile:* Lebt deine Mutter noch?

Mann: Ja. Mein Vater ist schon gestorben.

Hellinger: Da hast du ja noch Chancen. Jetzt bist du mit ihr
in Kontakt gekommen, schön, sehr schön. Ich mache dir
ein paar konkrete Vorschläge.
Du schreibst ihr einen Brief. Dann gehst du durch deine
Kindheit, von deiner Geburt an, und schaust auf alles,
was sie für dich getan hat, die ganze Zeit. Das schreibst
du ihr, und dass du alles in dein Herz nimmst. Alles, was
sie dir geschenkt hat, nimmst du in dein Herz.

Der Mann nickt.

Hellinger: Genau. Dann schreibst du ihr noch etwas zum Schluss: Wann immer du mich brauchst, ich bin für dich da.

Der Mann ist sehr bewegt.

Hellinger: Jetzt wirst du bald Arbeit finden.

Beide lachen laut.

Hellinger *zur Gruppe:* Er ist glücklich geworden. Schön. Mütter machen glücklich, gar kein Zweifel.

zum Mann: Okay, da lasse ich es.

Die Eltern ganz nehmen

Hellinger *zur Gruppe* Ich möchte in dem Zusammenhang noch etwas sagen.

Wir schauen manchmal unsere Mutter an und unseren Vater und denken: Da hat doch etwas nicht gestimmt. Die waren doch nicht vollkommen.

Da haben einige ganz merkwürdige Erwartungen an ihre Eltern, als müssten sie sein wie Gott. Nicht ganz so, noch ein bisschen besser natürlich.

Schrecklich, was wir unseren Eltern mit solchen Erwartungen antun. Dann nehmen wir uns das Recht heraus, sie dafür zur Rechenschaft zu ziehen, dass sie nicht waren wie Gott. Doch nur, weil sie gewöhnlich waren, mit Fehlern, fast den gleichen Fehlern, wie wir sie selbst haben, sind wir gewachsen und wurden lebenstüchtig. Nur weil unsere Eltern gewöhnlich waren, mit Fehlern, wurden wir lebenstüchtig.

Nun habe ich eine seltsame Erfahrung gemacht, ich bei mir. Ich habe ja vorhin erzählt, wie bei mir das Grundgefühl so hochgestiegen ist. Ich habe also meine Mutter ins Herz genommen – und zwar ganz. Das Merkwürdige war: alles, von dem ich meinte, ich könnte ihr irgendwo am Zeug flicken und sagen, das hätte besser sein sollen, das blieb draußen stehen. Ganz merkwürdig. Wenn wir die Mutter und den Vater, wie sie sind, ins Herz nehmen, bleiben sie ganz in unserem Herzen und ohne das, gegen das wir irgendwelche Einwände hatten. Das ist eine schöne Erfahrung. Es hilft auch anderen, wenn ich das sage.

Glück durch das Wohl-Wollen für alle

Was macht Menschen glücklich? Was macht mich glücklich? Wie werde ich glücklich? Wenn ich allen Menschen zugewandt bin, allen gleichermaßen. Zugewandt heißt nicht, dass ich sie alle emotional liebe. Sondern dass ich ihnen zugewandt bin mit Achtung und einer geistigen Liebe. Dass ich ihnen zugewandt bin im Gehen mit einer schöpferischen Bewegung, die hinter allem wirkt, die allem gleichermaßen zugewandt ist. Anders kann ich mir das nicht vorstellen.

Wenn ich jemanden von meiner Zuwendung ausschließe, verliere ich mein Glück. Wie kommt es, dass jemand einen anderen ausschließt? Wenn er sich besser fühlt. Alle, die sich besser fühlen, schließen jemanden aus. Alle, die jemanden negativ beurteilen oder verurteilen, schließen ihn aus. Diese Überheblichkeit kommt aus der Moral. Diese Überheblichkeit geht so weit, wenn man das mal durchdenkt, dass die aus Moral Überheblichen sagen: »Der darf leben, und der nicht.« Ist das nicht ungeheuerlich, diese Anmaßung hinter der Moral? Aber glücklich sind diese Moralischen nicht. Ganz bestimmt nicht.

Das Glück kommt aus der Zuwendung. Diese Zuwendung ist eine lebenslange Leistung und Übung. Sie ist die eigentliche Lebensleistung. Sie ist im Grunde nichts anderes als Wohl-Wollen für jeden. Ich will jedem Menschen wohl.

Wir können in uns nachspüren, was in uns vorgeht, wenn wir das für uns einüben. Es gibt da vielleicht den einen oder anderen, dem wir böse sind. Wir schauen ihn jetzt an und sagen ihm: »Ich will dir wohl – in jeder Hinsicht.«

Das Wohl-Wollen macht glücklich. Das Arg-Wollen dagegen macht unglücklich, und zwar nicht nur den anderen, sondern auch mich selbst.

Man kann das Wohl-Wollen bei sich nachprüfen und es erneuern. Ich prüfe es oft bei mir nach. Ich habe nämlich gemerkt: Wenn ich unruhig werde oder eifrig, bin ich nicht mehr in Verbindung mit meiner Seele und mit meinem Herzen. Dann setze ich mich am Abend hin – wenn ich das am Abend nicht kann, spätestens am nächsten Morgen – und frage mich: »Wem habe ich mein Wohl-Wollen verweigert?« Auf einmal tauchen diese Personen innerlich vor mir auf. Ich wende mich ihnen wieder mit Wohl-Wollen zu, einfach so, mit Wohl-Wollen ohne Urteil, einfach mit Wohl-Wollen. Dann bin ich wieder ruhig. Das ist eine andere Weise, glücklich zu werden: glücklich durch Wohl-Wollen.

Glück und Unglück

Sobald wir in der Gegenwart die in der Vergangenheit in Ruhe lassen, wenn wir nichts mehr von ihnen übernehmen und sie ihren eigenen Weg gehen dürfen, finden sie Frieden. Es ist also schlimm, wenn einige meinen, sie müssten für die Toten nachträglich noch etwas tun. Sie zum Beispiel rächen oder für sie etwas auf sich nehmen oder ausgleichen. Dann mischen sie sich in etwas ein, was sie nichts angeht. Das ist eine der Ursachen, die unglücklich machen und zu Unglück führen. Vielleicht muss ich ein bisschen näher erläutern, was hinter so etwas wirkt.

Das Glück der Zugehörigkeit

Eine meiner grundlegenden Einsichten betraf die Funktionsweisen des Gewissens. Ich habe das Gewissen sozusagen vom Himmel auf die Erde heruntergeholt. Denn ich habe auf einmal gesehen, dass das Gewissen ein Trieb ist, nicht etwas Geistiges. Ein Hund hat auch ein Gewissen. Habt ihr bemerkt, dass auch ein Hund manchmal ein schlechtes Gewissen hat? Also, das Gewissen ist etwas Triebhaftes. Man findet es nur bei Gruppen oder bei Rudeln. Wenn ein Mitglied des Rudels etwas getan hat, das es vom Rudel ausschließen könnte, bekommt es ein schlechtes Gewissen. Dann verändert es sein Verhalten, damit es wieder dazugehört.

Das Gewissen bindet uns an die für unser Überleben wichtige Gruppe. Es bindet uns vor allem an diese Gruppe, aber auch an alle anderen Gruppen, mit denen wir in Verbindung sein wollen.

Das Gewissen ist ein instinktives Wahrnehmungsorgan. Man kann das Gewissen vergleichen mit dem Gleichgewichtssinn. Der Gleichgewichtssinn ist auch ein instinktives Wahrnehmungsorgan, mit dessen Hilfe wir sofort feststellen können, ob wir im Gleichgewicht sind oder nicht. Ähnlich können wir über unser Gewissen sofort wahrnehmen, ob wir noch dazugehören dürfen oder nicht. Sobald wir etwas getan haben, das uns ausschließen würde, haben wir ein schlechtes Gewissen. Dann ändern wir unser Verhalten, damit wir wieder dazugehören dürfen. Wenn wir dazugehören dürfen, fühlen wir uns glücklich und unschuldig. Das ist im Grunde die tiefste Sehnsucht in jedem Menschen, dass er dazugehört. Daher gibt es auch kein größeres Unglück, als ausgeschlossen zu sein.

Wie bestrafen wir die Verbrecher? Durch Ausschluss natürlich. Wir stecken sie ins Gefängnis oder wir bringen sie um. Der Ausschluss ist das Schlimmste, was es für uns gibt. Umgekehrt ist für uns das höchste Gut die Zugehörigkeit. Mit Hilfe des Gewissens wissen wir also, was gut ist für die Gruppe und was für sie schlecht ist.

Das blinde Glück

Ich möchte das etwas ausführlicher erläutern. Um dazuzugehören, tut ein Kind alles. Die Zugehörigkeit ist ihm wichtiger als das eigene Glück und das eigene Leben. Um dazuzugehören, opfern ja viele ihr Leben, zum Beispiel Soldaten und viele Menschen, die sich für andere einsetzen. Sie sind bereit, ihr Leben zu opfern, für die Gemeinschaft, wie man sagt. Aber es geht um die Zugehörigkeit. Wann wird jemand besonders geehrt? Wenn er unter Einsatz seines Lebens etwas für die Gruppe getan hat, zu der er gehört?

Manchmal sagt jemand, um dazuzugehören, innere Sätze: Zum Beispiel sagt er seiner verstorbenen Mutter oder seinem verstorbenen Vater oder einem verstorbenen Geschwister:

»Ich folge dir nach.« Dahinter wirkt eine große Liebe. Aber es ist eine Liebe, die zum Tod führt. Oder wenn ein Kind wahrnimmt, dass seine Mutter sterben will oder sein Vater, sagt es ihnen innerlich: *»Ich an deiner Stelle.«* Es stirbt dann vielleicht oder wird krank. Wir sehen das zum Beispiel bei der Magersucht. Die Magersüchtige sagt in ihrem Herzen: *»Lieber verschwinde ich als du.«* Wer? »Lieber Papa.« Das sagt sie in der Regel. Meistens tut sie es für den Vater. Das ist Liebe. Diese Liebe kommt aus dem Gewissen.

Wenn solche Kinder oder Erwachsene sterben, haben sie alle ein gutes Gewissen. Sie fühlen sich unschuldig und sind auch noch glücklich. Mein Gott, was für ein Glück! Und was für ein Unglück für den, dem sie das sagen: *»Lieber ich als du«*! Wie fühlt sich der Vater, wenn ihm die Tochter innerlich sagt*: »Ich sterbe an deiner Stelle«*? Wird er dadurch glücklich?

Das ist ein Bedürfnis, das aus dem Gewissen kommt. Auf der einen Seite macht es glücklich, auf der anderen Seite ist es nicht im Einklang mit dem Leben. Das große Glück ist im Einklang mit dem Leben.

Glück ist mehr als das Gefühl der Unschuld

Jetzt aber, und das ist eine andere grundlegende Einsicht, gibt es zwei Gewissen, ein vordergründiges und ein hintergründiges, verborgenes. Dieses andere Gewissen ist in unserer Kultur unbewusst. Es ist ein archaisches Gewissen. Es ist das älteste Gewissen, es kommt vor dem moralischen Gewissen, das wir fühlen. Dieses Gewissen ist ein Gruppengewissen. Es achtet darauf, dass bestimmte Gesetze in der Gruppe beachtet werden. Das erste Gesetz ist: Dieses Gewissen duldet keinen Ausschluss.

Mit dem moralischen Gewissen schließen wir andere aus,

indem wir uns besser fühlen. Bei diesem Gewissen gibt es das nicht. Alle, die dazugehören, haben das gleiche Recht dazuzugehören. Das ist ein eisernes Gesetz dieses Gewissens.

Nun stellt euch mal die alte Horde vor, die Menschen, die in Horden gelebt haben. Konnten die jemanden ausschließen? War das vorstellbar? Dieses Gewissen hat sie zusammengehalten. Keiner konnte ausgeschlossen werden. Das wäre für die Horde das Schlimmste gewesen. Das kam denen überhaupt nicht in den Sinn. Alle haben dazugehört.

Es gibt heute noch ursprüngliche Gruppen. Bei ihnen zeigt sich, was dieses ursprüngliche Gewissen alles vermag. Ich habe vor einiger Zeit in Kanada mit einem Indianerhäuptling gesprochen. Er hat mir gesagt, dass es in ihrer Sprache kein Wort für Gerechtigkeit gibt. Sie haben kein Gewissen in unserem Sinne. Mit diesem Gewissen würden sie sofort nach Gerechtigkeit schreien. Sie sind im Einklang mit dem ursprünglichen Gewissen. Ich habe den Häuptling gefragt: »Was macht ihr dann mit einem Mörder?« Er sagte: »Der wird von der Familie des Opfers adoptiert.« Hier gibt es also keinen Ausschluss. In dieser Kultur gibt es keinen Ausschluss. Sie sind im Einklang mit diesem archaischen Gewissen.

Dieses Gewissen wirkt auch in uns, aber weitgehend unbewusst. Wie wirkt es? Wenn ich jemanden aus meinem Herzen ausschließe, werde ich wie er, genauso wie er.

Noch etwas. Später muss jemand in der Gruppe den Ausgeschlossenen über Identifizierung vertreten, ohne dass er es merkt. Das ist die Verstrickung. Sie kommt aus diesem archaischen Gewissen.

Dieses archaische Gewissen folgt noch einem zweiten Grundgesetz, nämlich: Alle später Dazugekommenen kommen in jeder Hinsicht später. Das heißt: Alle Früheren haben Vorrang vor denen, die später dazugekommen sind.

Deswegen darf niemand, der später dazugekommen ist, etwas für einen, der vorher da war, übernehmen. Jeder Verstoß gegen dieses Gesetz wird schwer bestraft, mit Unglück. Der Verstoß gegen dieses Gesetz führt zum Unglück.

Wenn einer sagt: »Ich folge dir nach«, verstößt er gegen dieses Gesetz. Wenn einer sagt: »Ich übernehme es für dich«, verstößt er gegen dieses Gesetz. Aber er verstößt gegen dieses Gesetz mit gutem Gewissen. Das ist das Seltsame, denn diese beiden Gewissen stehen einander entgegen.

Wie erreichen wir das Glück? Indem wir dem archaischen Gewissen Vorrang geben. Das ist ein Verzicht auf die Unschuld vor dem moralischen Gewissen. Dieses andere Gewissen fordert mehr. Dann sind wir mit sehr viel mehr Menschen verbunden.

Tragödien

Alle Tragödien und alle Familientragödien entstehen dadurch, dass ein später Geborener guten Gewissens für einen früher Geborenen etwas auf sich nimmt. Zum Beispiel, indem er ihn rächen oder etwas für ihn übernehmen will. Alle Tragödien enden mit dem Untergang des Helden, obwohl er ein gutes Gewissen hatte und aus Liebe gehandelt hat.

Also, Glück ist mehr als das Gefühl der Unschuld. Viel mehr. Und es ist eine Leistung. Eine Leistung der Seele – über Einsicht.

Miteinander schwingen

Manchmal können wir jemandem helfen mit einem einzigen Satz. Wie kann man so etwas machen? Ich gebrauche dazu ein Bild.

Wir stellen uns ein Paar vor. Da ist der Mann und neben ihm die Frau. Beide schwingen in einem eigenen Ton, ihrem Ton. Jeder hat seinen eigenen Ton. Obwohl sie verschieden klingen, schwingen sie zusammen. Das ist eine Beziehung im Einklang. Dabei geht aber noch etwas in der Seele vor. Wenn sie nur bei diesem Ton bleiben, reicht es nicht. Jeder geht zugleich auf die Obertöne von seinem Ton. Je höher sie dabei gehen, desto ähnlicher werden sie einander. Das ist dann eine geistige Ebene, auf der sie zusammenschwingen. Wer will, kann das in sich nachvollziehen.

Eltern können das mit ihren Kindern genauso machen. Jedes Kind hat einen eigenen Ton. Die Eltern schwingen mit seinem Ton und mit den Obertönen. Auf einmal schwingen die Eltern und die Kinder oben zusammen.

Da ist aber noch etwas zu bedenken. Es gibt darunter auch Untertöne, die in die Tiefe gehen. Das ist nicht mathematisch nachprüfbar. Es ist nur ein Bild. Aber die Seele spürt das. Auch da können wir mit anderen zusammenschwingen, in der Tiefe.

Warum habe ich das erzählt? Erst einmal macht es glücklich, wenn wir uns da hineinfühlen und mitschwingen können. Aber wenn jemand zu mir kommt und mich um Hilfe bittet bei einem Problem, schwinge ich mich auch in ihn ein, in seinen Ton. Aber nicht den gleichen Ton, sondern in die Obertöne, wo wir auf einmal zusammenschwingen. Dann kommt etwas Geistiges ins Spiel. Aus diesem Mitschwingen erfasse ich manchmal blitzschnell, worauf es für eine Lösung ankommt. Oft ist das nur ein

Satz, manchmal sogar nur ein Wort. Das ist dann alles, was notwendig ist.

Diese Weise des Helfens und der Lebenshilfe ist die äußerste Verdichtung dieser Arbeit. Sie ist voller Zuwendung und Achtung, ohne dass eine Beziehung entsteht. Jeder bleibt in seinem Feld ganz für sich, und doch war es ein Zusammenschwingen für kurze Zeit.

Die Urkraft

Rilke schreibt in einem kurzen Gedicht in seinem *Stundenbuch*: »Alles Leben ist geschenkt.« Alles Leben ist geschenkt: Mein Leben ist geschenkt, das Leben meines Partners ist geschenkt, das Leben meiner Eltern ist geschenkt, das Leben meiner Kinder ist geschenkt, alles Leben in der Natur ist geschenkt. Was heißt das?

Hinter unserem Leben wirkt eine Urkraft, ein Urgrund oder eine Urquelle allen Lebens, die in allem Leben gleichermaßen handelt und auch leidet. Also, wenn der Partner leidet, leidet in ihm eine andere, größere Kraft. Wir könnten vordergründig auch sagen: In ihm leidet Gott. In aller leidenden Kreatur leidet auch Gott.

Und umgekehrt. Wenn jemand zerstörend auftritt, ein Mörder zum Beispiel oder Soldaten im Krieg oder Banden oder was immer: Wer handelt hier? Handeln sie? Oder handelt durch sie Gott? Wir wehren uns gegen diese Vorstellung. Aber dürfen wir das? Gibt es eine andere Überlegung, die dieser Wirklichkeit näherkommt und ihr eher entspricht? Und welche Wirkung hat es, wenn man dieser Überlegung zustimmt: In allem leidet Gott und in allem handelt Gott, gleichermaßen? Das Zusammenspiel von Zerstörung und Aufbau, beides, und von Krankheit und Genesung oder von Zerstörung und Fortschritt, das unglaubliche Wechselspiel, das sich in allem vollzieht: Was geschieht, ist eine göttliche Bewegung. Das Zusammenspiel von Leid und Freude und von Zerstörung und Aufbau, und von Leben und Tod, ist ein göttliches Wechselspiel. Es ist die gleiche Kraft, die in beidem wirkt. Es ist dieses Wechselspiel, das die Welt voranbringt. Alles Schöpferische kommt aus einem solchen Konflikt, in dem es Niederlage gibt und Sieg, beides. Dadurch schreitet die Welt voran.

Die Gelassenheit

Wenn wir diese Betrachtungen anstellen, müssen wir vollkommen absehen von uns, als seien wir als Einzelne wichtig, als sei unser Leid wichtig, als sei unsere Trauer wichtig oder unser Glück. Oder als sei unser Erfolg wichtig oder unser Leben oder unser Tod. In einem Gedicht von Rilke heißt es dazu:

> Ist einer, der nimmt alle in die Hand,
> dass sie wie Sand durch seine Finger rinnen.
> Er wählt die schönsten aus den Königinnen
> und lässt sie sich in weißen Marmor hauen,
> still liegend in des Mantels Melodie;
> und legt die Könige zu ihren Frauen,
> gebildet aus dem gleichen Stein wie sie.

> Ist einer, der nimmt alle in die Hand,
> dass sie wie schlechte Klingen sind und brechen.
> Er ist kein Fremder, denn er wohnt im Blut,
> das unser Leben ist und rauscht und ruht.
> Ich kann nicht glauben, dass er Unrecht tut;
> doch hör ich viele Böses von ihm sprechen.

Auf einmal werden wir unglaublich gelassen. Wir schauen alles an, wie es ist, und stimmen ihm zu. Indem wir so gelassen werden, kommen wir in Einklang mit dieser Bewegung, wie sie ist. Dann vollzieht sich etwas Großes in uns. Nicht mehr das Gewöhnliche, sondern etwas Großes: der Einklang mit dem Ganzen, wie es ist. In diesem Einklang können wir einem anderen Menschen begegnen, wie er ist, genau, wie er ist. Denn nur so, wie er ist, wirkt das Göttliche in ihm. Nicht anders, nur so, wie er ist. Dem zuzustimmen, wie er ist, seinem Leid und seiner Freude, seinem Leben und seinem Tod, das bringt uns in Einklang mit den großen Bewegungen. Wir schauen von uns weg. Was soll da noch mein Ich in diesem Zusammenhang? Dann werden wir von etwas Unendlichem getragen.

Das Familien-Stellen

Die Zukunft des Familien-Stellens

Was sich zu Beginn des Familien-Stellens als etwas ganz Einfaches dargestellt hat, reicht inzwischen in Dimensionen, die uns auf eine Weise herausfordern, wie wir sie am Anfang nicht absehen konnten.

Es sind geistige Dimensionen, die sich mit einer Macht durchsetzen, die einigen auch Angst macht. Lieber halten sie an den Anfängen des Familien-Stellens fest und gehen sogar hinter sie zurück, indem sie das Familien-Stellen mit anderen Methoden verbinden und es diesen zum Teil auch unterordnen.

Für viele war es ein Schock, dass es beim geistigen Familien-Stellen in den meisten Fällen keine Aufstellung im üblichen Sinne mehr brauchte, ja dass die übliche Aufstellung, wie sie am Anfang angewandt wurde, einer tiefgreifenden Lösung oft sogar im Wege steht.

Die Anfänge

Ich spreche hier vom Familien-Stellen, bei dem ein Klient Stellvertreter für die Mitglieder seiner Familie aus einer Gruppe von Teilnehmern auswählt und diese dann räumlich in Beziehung zueinander stellt. Anschließend werden die Stellvertreter befragt, wie es ihnen auf ihrem Platz ergeht. Aus ihren Antworten ergeben sich Hinweise, was in der Aufstellung noch verändert und wer vielleicht noch hinzugenommen werden muss. Die Lösung war gefunden, wenn sich alle an ihrem Platz gut fühlten.

Aus diesen Aufstellungen ergaben sich tiefe Einsichten in die Ordnungen der Liebe in menschlichen Beziehungen. Diese Einsichten waren ein Durchbruch. Sie haben neue

Möglichkeiten der Lösung und des Helfens eröffnet, die vorher unzugänglich waren.

Das Gewissen

Dennoch, die entscheidende Einsicht, die eigentliche, alles umwerfende Einsicht, kam nicht aus dem Familien-Stellen. Doch sie hat dem Familien-Stellen eine Richtung gewiesen, in die es sich immer weiter fortentwickelt hat und deren Ende noch nicht abzusehen ist. Diese Einsicht ist eine geistige Einsicht. Sie wird uns auf einem geistigen Erkenntnisweg geschenkt. Es war die Einsicht in die Wirkungsweisen unseres Gewissens. Nicht nur unseres gefühlten Gewissens, das wir als gutes und als schlechtes Gewissen fühlen, es war vor allem die Einsicht in ein uns heutzutage weitgehend unbewusstes Gewissen, das anderen Gesetzen folgt als unser bewusstes Gewissen.

Das Feld des Gewissens

Erst diese Einsicht hat dem Familien-Stellen die Tür zu jenem geistigen Feld geöffnet, das alle Mitglieder einer Familie auf eine Weise aneinander bindet, die jeden für jeden zum Schicksal werden lässt. Familie wird hier in einem weiten Sinn erfahren, der auch jene mit einschließt, die nicht mit den anderen Familienmitgliedern blutsverwandt sind, aber mit ihren Schicksalen in die blutsverwandte Familie hineinwirken.

Dieses geistige Feld, wenn es sich selbst überlassen bleibt, widersteht der Veränderung. So wird zum Beispiel das in der einen Generation Ungelöste in der nächsten Generation auf ähnliche Weise wiederholt. Denn das Ungelöste bindet die Mitglieder der Familie aneinander und gibt ihnen damit Sicherheit. Es ist die Sicherheit der Zugehörigkeit.

Was ist es genau, was dieses geistige Feld zusammenhält und die Wiederholung des Ungelösten bewirkt? Es ist das Gewissen.

Die Bewegungen der Seele

Nun kam über eine neue Art des Familien-Stellens eine andere Dimension dieses geistigen Feldes ans Licht. Der Vorgang war ganz einfach. Statt eine Familie im üblichen Sinne aufzustellen, wurden nur eine oder zwei Personen aufgestellt, entweder der Klient oder sein Stellvertreter allein, oder mit ihm noch jene Personen, mit denen er im Konflikt war, die er zum Beispiel abgelehnt hat. Auf einmal wurden der Klient und die anderen Stellvertreter von einer inneren Bewegung erfasst, ohne dass sie ihr widerstehen konnten. Diese Bewegung geht immer in die gleiche Richtung. Sie führt zusammen, was vorher getrennt war. Sie ist immer eine Bewegung der Liebe. Sie unterbricht die Wiederholung des Ungelösten und eröffnet Wege der Lösung jenseits unseres Gewissens.

Das Entscheidende dabei war, dass es hier fast keiner Führung von außen mehr bedurfte. Die Seele suchte und fand die Lösung von sich aus, oft auf eine völlig unvorhersehbare Weise, oft auch jenseits der gewohnten Ordnungen der Liebe. Allerdings nur, wenn man ihr ihren Raum ließ und ihre Zeit und wenn der Leiter der Aufstellung selbst im Einklang mit dieser Dimension der Seele war und sich von ihr führen ließ. Wie? Wenn auch er, jenseits der Grenzen des Gewissens, das Getrennte in sich zusammenfinden ließ mit Liebe.

Ich habe diese Weise des Familien-Stellens zuerst »Bewegungen der Seele« genannt. Auch habe ich gedacht, diese Bewegungen kämen aus dem Feld, das die Mitglieder der Familie schicksalhaft miteinander verbindet. Es hat sich mir aber nach einiger Zeit gezeigt, dass hier eine andere geistige Dimension wirksam wird, jenseits des Feldes des Gewissens, dass wir also das Feld des Gewissens von diesem umfassenderen geistigen Feld unterscheiden müssen.

Die Bewegungen des Geistes

Was war hier die grundlegende geistige Einsicht, die weiterführt? Die Bewegung des Geistes ist eine schöpferische Bewegung, die alles, was sich bewegt und wie es sich bewegt, in Bewegung bringt und in Bewegung hält. Dieser Geist steht hinter jeder Bewegung, wie sie ist, und ist ihr zugewandt, wie sie ist. Daher können wir nur dann mit dieser Bewegung in Einklang kommen und mit ihr im Einklang bleiben, wenn auch wir in gleicher Weise allem zugewandt sind, wie es ist. Vor allem, wenn wir allen Menschen zugewandt sind, wie sie sind, auch ihrer Familie, auch ihrem Schicksal, auch ihrer Schuld.

Hier wird sichtbar, was es letztlich für uns und für das Familien-Stellen bedeutet, wenn wir mit den Bewegungen dieses Geistes gehen oder, genauer gesagt, wenn diese Bewegungen uns bewegen und wir uns im Einklang mit ihnen bewegen.

Können wir hinter diese Einsichten zurück? Nur um einen hohen Preis. Was ist dieser Preis? Wir fallen zurück in den Bannkreis des Gewissens und in eine Bewegung gegen die umfassende Liebe.

Ich habe mich auf diesen Weg des Geistes begeben. Was

das für das Familien-Stellen bedeutet, zeige ich seit einiger Zeit in vielen Kursen, vor allem auch in den Ausbildungskursen. Ich beschreibe diesen Weg in meinen Büchern aus der letzten Zeit und dokumentiere ihn auf DVD und auf CD.

Dieser Weg führt in eine andere Zukunft des Familien-Stellens, in das geistige Familien-Stellen, in eine geistige Zukunft.

Anhang

Leitfaden durch die Veröffentlichungen von Bert Hellinger

Bücher

Einführung und Schulung

Ordnungen der Liebe
Ein Kursbuch
516 Seiten, 174 Abb., 7., korr. Auflage 2001
Carl-Auer-Systeme Verlag

Der Austausch
Fortbildung für Familien-Steller
227 Seiten, 141 Abb., 2002
Carl-Auer-Systeme Verlag

Ordnungen des Helfens
Ein Schulungsbuch
220 Seiten, 2. Auflage 2006
Carl-Auer-Systeme Verlag

Zweierlei Glück
Die systemische Psychotherapie Bert Hellingers
Hrsg. Gunthard Weber
338 Seiten, 15 Abb., 14. Auflage 2001
Carl-Auer-Systeme Verlag
Dieses Buch ist auch als Taschenbuch beim Goldmann
Verlag (Arkana) erhältlich.

Paarbeziehungen

Wie Liebe gelingt
Die Paartherapie von Bert Hellinger
Hrsg. Johannes Neuhauser
348 Seiten, 123 Abb., 3., korr. Auflage 2002
Carl-Auer-Systeme Verlag

Wir gehen nach vorne
Ein Kurs für Paare in Krisen
273 Seiten, 200 Abb., 2., korr. Auflage 2002
Carl-Auer-Systeme Verlag

Liebe auf den zweiten Blick
Lösungen für Paare
239 Seiten, 179 Abb., 2002
Herder Verlag (vergriffen)

Liebe und Schicksal
Was Paare aneinander wachsen lässt
249 Seiten, 165 Abb., 2. Auflage 2003
Kösel Verlag, als Taschenbuch bei Knaur

Eltern und Kinder

Kindliche Not und kindliche Liebe
Familien-Stellen und systemische Lösungen in Schule und Familie
Hrsg. Sylvia Gòmez Pedra
208 Seiten, 119 Abb., 2., korr. u. überarb. Auflage 2002
Carl-Auer-Systeme Verlag

Wenn ihr wüsstet, wie ich euch liebe
Wie schwierigen Kindern durch Familien-Stellen und
Festhalten geholfen werden kann
Mit Jirina Prekop
280 Seiten, 104 Abb., 3. Auflage 2003
Kösel Verlag
Dieses Buch ist auch als Taschenbuch erschienen bei
Knaur (Mens Sana) ISBN 3-426-87250-1.

Haltet mich, dass ich am Leben bleibe
Lösungen für Adoptierte
216 Seiten, 163 Abb., 2. Auflage 2001
Carl-Auer-Systeme Verlag

In der Seele an die Liebe rühren
Familien-Stellen mit Eltern und Pflegeeltern von
behinderten Kindern
120 Seiten, 80 Abb., 1998
Carl-Auer-Systeme Verlag (vergriffen)

Was in Familien krank macht und heilt

Familien-Stellen mit Kranken
Dokumentation eines Kurses für Kranke, begleitende
Psychotherapeuten und Ärzte
352 Seiten, 3. Auflage 1998
Carl-Auer-Systeme Verlag (vergriffen)

Was in Familien krank macht und heilt
Ein Kurs für Betroffene
288 Seiten, 197 Abb., 2. Auflage 2001
Carl-Auer-Systeme Verlag

Wo Schicksal wirkt und Demut heilt
Ein Kurs für Kranke
320 Seiten, 165 Abb., 2. Auflage 2001
Carl-Auer-Systeme Verlag

Schicksalsbindungen bei Krebs
Ein Kurs für Betroffene, ihre Angehörigen und Therapeuten
200 Seiten, 116 Abb., 3. Auflage 2001
Carl-Auer-Systeme Verlag

Die größere Kraft
Bewegungen der Seele bei Krebs
Hrsg. Michaela Kaden
193 Seiten, 111 Abb., 2001
Carl-Auer-Systeme Verlag (vergriffen)

Liebe am Abgrund
Ein Kurs für Psychose-Patienten
230 Seiten, 187 Abb., 2001
Carl-Auer-Systeme Verlag

Das andere Sagen
Ein Kurs für Sprechgestörte und ihre Helfer
160 Seiten, 120 Abb., 2003
Carl-Auer-Systeme Verlag

Wo Ohnmacht Frieden stiftet
Familien-Stellen mit Opfern von Trauma, Schicksal und Schuld
255 Seiten, 186 Abb., 2000
Carl-Auer-Systeme Verlag

Frieden und Versöhnung

Der Friede beginnt in den Seelen
Das Familien-Stellen im Dienst der Versöhnung
223 Seiten, 150 Abb., 2003
Carl-Auer-Systeme Verlag

Der Abschied
Nachkommen von Tätern und Opfern stellen ihre Familie
370 Seiten, 260 Abb., 2., überarb. und erw. Auflage 2001
Carl-Auer-Systeme Verlag

Rachel weint um ihre Kinder
Familien-Stellen mit Opfern des Holocaust in Israel
288 Seiten, 2004
Herder Verlag

Der große Konflikt
Die Antwort
255 Seiten, 2005
Goldmann Verlag (vergriffen)

Vorgehensweisen

Finden, was wirkt
Therapeutische Briefe
232 Seiten, 11. Auflage 2003
Kösel Verlag

Verdichtetes
Sinnsprüche – Kleine Geschichten – Sätze der Kraft
109 Seiten, 5. Auflage 2000
Carl-Auer-Systeme Verlag

Mitte und Maß
Kurztherapien
262 Seiten, 147 Abb., 2. Auflage 2001
Carl-Auer-Systeme Verlag

Die Quelle braucht nicht nach dem Weg zu fragen
Ein Nachlesebuch
388 Seiten, 2. Auflage 2002
Carl-Auer-Systeme Verlag

Liebes-Geschichten
Zwischen Mann und Frau, Eltern und Kindern,
uns und der Welt
256 Seiten, 2006
Kösel Verlag

Dialoge

Anerkennen, was ist
Gespräche über Verstrickung und Lösung
Mit Gabriele ten Hövel
220 Seiten, 14. Auflage 2002
Kösel Verlag, als Taschenbuch beim Goldmann Verlag

Mit der Seele gehen
Gespräche mit Bert Hellinger
Mit Bertold Ulsamer und Harald Hohnen
187 Seiten, 2001
Herder Verlag

Ein langer Weg
Gespräche über Schicksal, Versöhnung und Glück
Mit Gabriele en Hövel
240 Seiten, 2005
Kösel Verlag

Einsichten und Gedanken

Die Mitte fühlt sich leicht an
Vorträge und Geschichten
264 Seiten, 9., erw. Auflage 2003
Kösel Verlag

Religion – Psychotherapie – Seelsorge
Gesammelte Texte
232 Seiten, 2. Auflage 2001
Kösel Verlag

Entlassen werden wir vollendet
Späte Texte
220 Seiten, 2. Auflage 2002
Kösel Verlag

Gedanken unterwegs
236 Seiten, 2. Auflage 2005
Kösel Verlag

Gottesgedanken
Ihre Wurzeln und ihre Wirkung
240 Seiten, 2004
Kösel Verlag

Wahrheit in Bewegung
160 Seiten, 2. Auflage 2005
Herder Verlag

Dankbar und gelassen
Im Einklang mit dem Leben
157 Seiten, 2005
Herder Verlag

Erfülltes Dasein
Wege zur Mitte
159 Seiten, 2006
Herder Verlag

Innenreisen
Erfahrungen – Betrachtungen – Beispiele
200 Seiten, 2007
Kösel Verlag

Natürliche Mystik
Wege spiritueller Erfahrung
200 Seiten, 2008
Kreuz Verlag

Videos und DVDs

Alle diese Videos und DVDs sind zum Preis von je € 25,–
(zzgl. Versandkosten) erhältlich bei:
Video Verlag Bert Hellinger International,
Postfach 2166, D-83462 Berchtesgaden.

Einführung in das Familienstellen und Schulung

Videos

Die Seele schenkt
Schulung in Köln
2 Videos, 4 Stunden, 50 Minuten

Ordnungen des Helfens
Schulung in Bad Nauheim
2 Videos, 2 Stunden, 32 Minuten

Helfen – eine Kunst
Schulung in Salzburg
2 Videos, 4 Stunden, 10 Minuten

Helfen braucht Einsicht
Schulung in Zürich
4 Videos, 7 Stunden, 20 Minuten

Helfen auf den Punkt gebracht
Schulung in Madrid
4 Videos, 7 Stunden, 36 Minuten (Deutsch/Spanisch)

Dimensionen der Liebe
5 Videos, 11 Stunden (Deutsch/Französisch)

Zu den Schulungsvideos gehören auch die folgenden Videos vom Kurs für soziale und pädagogische Berufe in Mainz:

Helfen im Einklang
1 Video, 2 Stunden, 40 Minuten

Kurzsupervisionen
1 Video, 2 Stunden, 35 Minuten

Das andere Familien-Stellen
1 Video, 2 Stunden, 15 Minuten

DVDs

Dimensionen des Helfens in der Praxis
Schulung in Basel
1 DVD, 3 Stunden, 8 Minuten

Liebe in unserer Zeit
Schulungskurs Bad Sulza
3 DVDs, 4 Stunden, 31 Minuten

Wie Liebe und Leben zusammen gelingen
Kurstag Lebenshilfe in Aktion, Leipzig
2 DVDs, 2 Stunden, 55 Minuten

Schulungstag: Lebenshilfe in Aktion
Neuchâtel
3 DVDs, 2 Stunden, 40 Minuten (Deutsch/Französisch)

Geistige Liebe – geistiges Heilen
1 DVD, 1 Stunde, 57 Minuten

Helfen braucht Einsicht
4 DVDs, 7 Stunden, 19 Minuten

Helfen auf den Punkt gebracht
4 DVDs, 7 Stunden, 36 Minuten

Das Gewissen und die Seele
1 DVD, 45 Minuten

Paarbeziehungen

Videos

Wie Liebe gelingt
Die Paartherapie Bert Hellingers
5 Videos, 12 Stunden, 30 Minuten

Wir gehen nach vorne
Ein Kurs für Paare in Krisen
3 Videos, 7 Stunden

Liebe und Schicksal
Was Paare aneinander wachsen lässt
4 Videos, 10 Stunden, 10 Minuten, Deutsch/Italienisch

DVDs

Ich liebe dich. Lebenshilfen für Mann und Frau
Schulungskurs in Bad Sulza
2 DVDs, 2 Stunden, 41 Minuten

Liebe wächst
Geschichten aus einem Kurs für Paare
Schulungskurs in Neuchâtel
4 DVDs, 5 Stunden, 33 Minuten (Deutsch/Französisch)

Wie Liebe gelingt
5 DVDs, 12 Stunden, 30 Minuten

Eltern und Kinder

Videos

Haltet mich, dass ich am Leben bleibe
Lösungen für Adoptierte
2 Videos, 7 Stunden

In der Seele an die Liebe rühren
Familien-Stellen mit Eltern und Pflegeeltern von
behinderten Kindern
1 Video, 2 Stunden, 30 Minuten (vergriffen)

DVDs

Liebes Kind
Lebenshilfen für Kinder und ihre Eltern
Schulungskurs in Bad Sulza
3 DVDs, 4 Stunden, 16 Minuten

Alle Kinder sind gut und ihre Eltern auch
Vortrag und Meditationen
Schulungskurs in Bad Sulza
1 DVD, 1 Stunde, 12 Minuten

Was in Familien krank macht und heilt

Videos

Familien-Stellen mit Kranken
Kurs für Kranke, begleitende Psychotherapeuten und Ärzte
3 Videos, 10 Stunden (vergriffen)

Wo Schicksal wirkt und Demut heilt
Ein Kurs für Kranke
3 Videos, 9 Stunden, 30 Minuten

Bert Hellinger arbeitet mit Krebskranken
2 Videos, 8 Stunden

Liebe am Abgrund
Ein Kurs für Psychose-Patienten
3 Videos, 10 Stunden

Die Versöhnung des Getrennten
Ein Kurs für Psychose-Patienten in Mallorca
4 Videos, 8 Stunden, 46 Minuten (Deutsch/Spanisch)

Das andere Sagen
Ein Kurs für Sprechgestörte und ihre Helfer
3 Videos, 8 Stunden

Wo Ohnmacht Frieden stiftet
Familien-Stellen mit Opfern von Trauma, Schicksal und
Schuld
3 Videos, 6 Stunden, 30 Minuten

Frieden und Versöhnung

Videos

Bewegungen auf Frieden hin
Lösungsperspektiven durch das Familien-Stellen bei ethnischen Konflikten
2 Videos, 4 Stunden, 30 Minuten

Bewegungen der Seele
3 Videos, 9 Stunden, 30 Minuten

Wie Versöhnung gelingt
Athen
1 Video, 1 Stunde, 37 Minuten (Deutsch/Griechisch)

Familien-Stellen in Istanbul, Video 2: Der Friede
Was die Getrennten wieder vereint
1 Video, 2 Stunden, 41 Minuten (Deutsch/Türkisch)

Das Überleben überleben
Nachkommen von Überlebenden des Holocaust stellen ihre Familie
1 Video, 2 Stunden, 30 Minuten

Die Toten
Was Täter und Opfer versöhnt
1 Video, 60 Minuten

Ein weiteres Video zu diesem Thema dokumentiert einen dreitägigen Kurs in Israel im September 2002. Nur in Englisch.

Awakening Love in the Soul
Workshop in Tel Aviv, Israel
5 Videos, 10 Stunden, 50 Minuten

DVDs

Wie Versöhnung gelingt
1 DVD, 95 Minuten

Die Anhaftung der Toten
1 DVD, 95 Minuten

Der Krieg
1 DVD, 55 Minuten

CDs und Audiokassetten

Alle diese CDs sind erhältlich bei:
Video Verlag Bert Hellinger International,
Postfach 2166, D-83462 Berchtesgaden.

Schuld und Unschuld in Beziehungen
Geschichten, die zu denken geben
2 CDs

Die Grenzen des Gewissens
Geschichten, die wenden
2 CDs

Ordnungen der Liebe
Geschichten vom Glück
3 CDs

Leib und Seele, Leben und Tod
Psychotherapie und Religion
2 CDs

Das Judentum in unserer Seele
1 CD

Gottesgedanken
Ihre Wurzeln und ihre Wirkungen
1 CD
Auch als Audiokassette erhältlich.

Dimension der Liebe
2 CDs

Ordnung und Krankheit
2 CDs

Die andere Liebe
Was über uns hinausführt
1 CD

Die Bewegungen der Seele
1 CD

Organisationsberatung und Organisationsaufstellungen
1 CD

Nur die Liebe hat Zukunft
Bruneck
1 CD (Deutsch/Italienisch)

Nur die Liebe hat Zukunft
Meran
1 CD (Deutsch/Italienisch)

Rilkes Deutung des Daseins in den Sonetten an Orpheus, eingeführt und vorgetragen von Bert Hellinger
Teil 1: 4 CDs
Teil 2: 4 CDs

Anerkennen, was ist
2 CDs

Was Menschen glücklich macht
1 CD

Innenreisen
10 CDs

Natürliche Mystik
7 CDs

Die HellingerZeit*schrift*

Was finden Sie in dieser Zeitschrift?

1. Etwas für Sie persönlich:
Orientierung in Fragen der Liebe, des persönlichen Schicksals, der Lebensweisheit.

2. Handlungshinweise:
Zum Beispiel, wie man Kindern helfen kann, was Beziehungen erneuert und vertieft. Wie das Vergangene der Zukunft dienen kann.

3. Antworten auf brennende Fragen
Dabei geht es jeweils nur um einen Punkt und eine Sache – immer auf das unmittelbar Mögliche ausgerichtet.

Diese Zeitschrift erscheint viermal im Jahr.

Bestellung bei:
HellingerZeit*schrift*
Aktionsgemeinschaft Lebenshilfe
Postfach 2120
D-83462 Berchtesgaden

Homepages

Wenn Sie sich über Bert Hellinger und seine Angebote informieren wollen, finden Sie die näheren Angaben auf den folgenden Homepages:

www.hellinger.com
www.hellingerschule.com

Die Wirklichkeit als Ganzes

Die Welt von innen sehen, wen würde
das nicht locken? Aber wie ist das möglich? Am ehesten doch durch die Psyche,
unser sensibelstes Empfindungsorgan für
die Welt. Die religionspsychologische Per-
spektive der Jung'schen Tiefenpsychologie
eröffnet dem nach Spiritualität und Sinn
suchenden Menschen eine Möglichkeit,
Innenwelt und Außenwelt als zwei Pole
der Wirklichkeit zu sehen.

Ingrid Riedel
Die Welt von innen sehen
256 Seiten
€ (D) 19,95
ISBN 978-3-7831-3008-9

www.kreuzverlag.de

Was Menschen bewegt

Den Weg nach innen gehen